和谐校园文化建设读本

学校教育 新论

付 莹 杜永刚/编著

吉林教育出版社

图书在版编目(CIP)数据

学校教育新论 / 付莹，杜永刚编著. — 长春：吉
林教育出版社，2012.6（2022.10 重印）
（和谐校园文化建设读本）
ISBN 978 - 7 - 5383 - 8989 - 0

Ⅰ．①学… Ⅱ．①付… ②杜… Ⅲ．①学校教育－研
究 Ⅳ．①G4

中国版本图书馆 CIP 数据核字（2012）第 116105 号

学校教育新论
XUEXIAO JIAOYU XIN LUN   付　莹　杜永刚　编著

策划编辑	刘　军　　潘宏竹		
责任编辑	张　瑜	**装帧设计**	王洪义

出版　吉林教育出版社(长春市同志街 1991 号　邮编 130021)

发行　吉林教育出版社

印刷　北京一鑫印务有限责任公司

开本　710 毫米×1000 毫米　1/16　　**印张**　12.5　　**字数**　159 千字

版次　2012 年 6 月第 1 版　　**印次**　2022 年 10 月第 3 次印刷

书号　ISBN 978 - 7 - 5383 - 8989 - 0

定价　39.80 元

编 委 会

主　　编：王世斌

执行主编：王保华

编委会成员：尹英俊　尹曾花　付晓霞

　　　　　　刘　军　刘桂琴　刘　静

　　　　　　张　瑜　庞　博　姜　磊

　　　　　　潘宏竹

　　　　　　（按姓氏笔画排序）

总 序

千秋基业，教育为本；源浚流畅，本固枝荣。

什么是校园文化？所谓"文化"是人类所创造的精神财富的总和，如文学、艺术、教育、科学等。而"校园文化"是人类所创造的一切精神财富在校园中的集中体现。"和谐校园文化建设"，贵在和谐，重在建设。

建设和谐的校园文化，就是要改变僵化死板的教学模式，要引导学生走出教室，走进自然，了解社会，感悟人生，逐步读懂人生、自然、社会这三本大书。

深化教育改革，加快教育发展，构建和谐校园文化，"路漫漫其修远兮"，奋斗正未有穷期。和谐校园文化建设的研究课题重大，意义重要，内涵丰富，是教育工作的一个永恒主题。和谐校园文化建设的实施方向正确，重点突出，是教育思想的根本转变和教育运行机制的全面更新。

我们出版的这套《和谐校园文化建设读本》，既有理论上的阐释，又有实践中的总结；既有学科领域的有益探索，又有教学管理方面的经验提炼；既有声情并茂的童年感悟；又有惟妙惟肖的机智幽默；既有古代哲人的至理名言，又有现代大师的谆谆教诲；既有自然科学各个领域的有趣知识；又有社会科学各个方面的启迪与感悟。笔触所及，涵盖了家庭教育、学校教育和社会教育的各个侧面以及教育教学工作的各个环节，全书立意深邃，观念新异，内容翔实，切合实际。

我们深信：广大中小学师生经过不平凡的奋斗历程，必将沐浴着时代的春风，吸吮着改革的甘露，认真地总结过去，正确地审视现在，科学地规划未来，以崭新的姿态向和谐校园文化建设的更高目标迈进。

让和谐校园文化之花灿然怒放！

本书编委会

目　录

教育改革

影响当前教育改革的主要因素

随着社会的转型,当前的教育改革也在如火如荼地展开。顾名思义,教育改革是教育的改革,所以改革方向的正确与否,能否取得预期的成果,都与教育的发展状况有着密切的联系。

历史的事实已经证明,尽管教育与人类俱生,但作为一种精神的生产活动,教育从来也不是社会发展的动力,它始终是"跟随"着社会的发展和需要的,而社会需要乃是教育改革真正的推动者。新的历史时期,社会的发展出现了新的格局,提出了新的需要,教育也因此面临新的挑战。社会的需要不仅给教育改革提供了动力,也赋予教育改革以新的内容。当前,引发我国教育改革并潜在地决定我国教育改革方向和内容的主要因素如下:

一、知识经济的挑战

社会的物质生产是历史发展的决定因素,是社会发展的决定因素。目前学校教育的目的、内容、手段等教育的组成要素是教育的历史发展,也是人类社会发展在一定阶段的产物。具体来说,它是工业时代的产物,它满足并促进了工业社会发展的需要。然而,第二次世界大战以后,特别是 20 世纪 80 年代以后,人类的物质生产发生了革命性的变化,人类的生产进入了知识经济的时代。今天的变革,就像 200 多年前工业经济开始替代农业经济一样,知识经济开始替代工业经济。时代要求教育必须进行改革,以适应知识经济时代的需要。根据世界经合组织 1996 年在《以知识为基础的经济》中的解说,知识经济乃是以知识的生产、分配和使用为基础的经济。这里所讲的知识,除了事实知识(know－what)之外,还包括原理知识(know－why)、技能知识(know－how)、人力知识(know－who)。知识经济要求人具有创造力和实践能力,因此发展学生的创造力和实践能力,是对教育的挑战。要实现让学生从学会"接受"到学会"创造",从学会"知识"到学会"学习",是教育改革的重要任务,对于我国的教育改革传统来说,尤其艰巨。

二、国家综合实力的竞争

近代以来,人们看到人的教育素养同经济发展的关系,国家开始干预教育。过去的历史表明,国家越来越自觉地将教育作为实现富国强兵的工具,教育越来越成为实现国家目的的手段。国家设立教育部门是近代的事情,在社会发展过程中,政府对教育的干预力度越来越大,即便是在今天,也是如此。在"世界大同"的目标实现以前,不管教育家的理想如何,也不管人们的"理想教育"是怎样的,这是一个难以改变的事实。我们的教育往往注重对个人发展的作用,这是正确的;但是,如果过于强调人的发展而忽略教育的社会责任,甚至将两者对立起来,恐怕也有失偏颇。无论如何,在当前,个人发展的方方面面都要受制于国家的发展,将国家的需求悬置起来而奢谈个人的发展是缺乏意义的、空洞的。任何离开社会需要的教育,最终都将导致教育的破产;如果把人的发展和社会的需求对立起来,也会最终导致教育的破产。教育应该为增强国家的综合国力服务。

三、"全球问题"的挑战

目前人类所取得的物质文明可谓辉煌,但为此也付出了极其惨重的代价,致使人类社会和个人出现了种种前所未有的问题,例如生态失衡、环境污染、资源枯竭、吸毒、犯罪、生存意义的迷失等等。这些都使得人类的生产和发展面临严峻的挑战。因此,学校教育要弘扬新的人文精神,以克服人类所遭遇的种种问题。与强调人的社会、文化属性以及持有主客二元对立的思维方式的旧人文精神不同,新人文精神强调的是人自身和人的生活的价值属性,指的是人之为人的文化精神。要培养人之为人的文化,就要正确处理人与自然、人与社会、人与自我的关系。在人与自然的关系上,新人文精神不是强调人对自然的征服,而是主张人与自然之间应处于和谐状态;在人与社会的关系上,新人文精神不是鼓吹个人的奋斗与成功,而是强调应该负有的社会责任;在人与自身的关系上,新人文精神不是沉醉于对物质和权力的占有,而是强调对生存意义和精神的反省和追求。

然而,新人文精神的培养,仅仅依靠知识的传授,是远远不够的。不可否认,新人文精神包含有关自然、社会和人自身的知识因素,但归根到底它并不是一个知识问题。要实现新人文精神的传播,就要通过教育改革来实现。

新时期教育内容及教育方法的转变

动物的活动乃是由自己的本能而展开,人类活动方法的选择则取决于主观意志。然而,人的主观意志的发挥绝不是随心所欲的。客观条件对人的活动方法的选择具有潜在的决定作用。除此之外,活动内容的性质,也应该是制约人的活动方法选择的重要因素。木匠和铁匠活动的方法(包括活动的过程、工具的选择等)各异,乃是由他们各自活动对象(内容)各不相同(木头和铁块)决定的。

学校教育旨在服务于人的全面发展,其内容大体上容纳了理性和非理性的部分。然而,以往教育者在教育活动中所采取的方法却极其单调,往往劳而无功,这严重地制约了教育、教育改革的成效。由于受到近代科学发展和工业生产的影响,理性、理性的方法,其地位达到了无以复加的高度。在学校教育中,不管教育的内容是什么,往往采用理性的方法,似乎讲道理能够解决学生发展的所有问题。对于教育者来说,这或许是一种无奈；但是对于教育来说，这是不利的。教育者应该认真研究不同的教育内容的性质，确定不同的教育方法。

一、知识的教学

应该说知识的教育同理性的方法联系非常密切，但也不尽然。就目前我国中小学设立的学科来说，大体上可以分为逻辑性较强的学科和逻辑性不强的学科。对于前者来说，教师用理性的方法去教，不可或缺，而且屡试不爽；但对于后者，理性的方法恐怕难以奏效。需要特别强调的是，"记忆"也是一种重要的学习方法，不要在简单的反对"死记硬背"口号中轻易放弃这种学习的"利器"。在联合国教科文组织的报告《教育——财富蕴藏其中》里强调："为了解知识而学习，首先要学会运用注意力、记忆力和思维能力来学习"；"如果以为我们如今已拥有巨大的信息存储和传播能力，记忆力就不再有用了，那将是危险的。"对于外语以及数理化公式、符号的学习来说，记忆是不可少的。

二、创造力的培养

创造力是人之为人的一种本质力量，是与生俱来的。对于学校教育来说，问题不在于如何培养，而在于不压制，不压制就是培养。我们面临的问题是，往往教师在"好心"、"帮助"的旗号下，压制了学生的创造力；教师在老老实实、辛辛苦苦地做坏事。所谓创造，就是解决对现实的批判中产生的问题（批判的能力和动力都是人之为人的本质力量）。尽管学校、教师不能直接培养学生的创造能力，但不等于学校、教师就无所作为；相反，学校、教师可以在这方面发挥很大的作用，但是目前最重要的是不压制。

三、道德教育

理性的方法完全不适用于道德教育，因为理性只能解决"是"与"不是"的问题，而道德面临的是"应该"。在伦理学里面有一个难题，即从

"是"到"应该"。我们能够讲的，都属于"是"与"不是"的问题，而道德教育要解决的是"应该"与"不应该"的问题，一万个"是"也得不出一个"应该"。所以在道德教育中，仅仅去用理性的手段，这是错误的，也是难以达到道德教育的目的的。根据马克思的观点，道德是一个利益的问题，因此道德教育要解决如何正确处理利益的问题。道德的产生和发展在于满足人的生存、生活的需要，单纯的"牺牲的道德"是违背道德的特性的，难以持久。所谓道德底线或道德具有层次等说法也是值得讨论的，恐怕有违学校道德教育的宗旨。道德教育的目的是使受教育者有道德而不是更道德。有效的道德教育的方法应该是符合道德的特性的方法。

四、爱国主义教育

对于爱国主义教育而言，说理的方法是必要的，但也是远远不够的。爱国主义教育是一种爱的教育，是一种情感教育。用理性的方式是完全达不到目的的。有一个可以类比的事实，尽管没有一个家长像学校进行爱国主义教育那样对儿童进行爱家的教育，但几乎所有的孩子都爱自己的父母，爱自己的家庭。这种"不教而爱"的事实至少说明了知识的教育对情感教育作用是极其有限的。人们做的许多错事，往往并不是因为不知道这个事情是错的才去做的。所以，那种将爱国主义教育演变为知识教育的做法是错误的。这倒不是说，有关爱国主义的知识教育不必要，而是说，目前许多教育者并没有认识到爱国主义教育的本质。事实上，孩子爱家、爱父母，并不需要家庭或家长的经济、政治、健康、外貌等条件。所以，从根本上来说，爱国主义教育是和知识的教育性质不同的，它需要在知识的教育以外寻求适合的方法。

教育信息化对中小学教育的影响

信息化的普遍推广使用，使得部分中学和小学的学校，采用了教育信息化的教学方式对中小学生进行教育教学。

随着科学技术的快速发展和经济的迅猛发展,中国的信息化时代已经到来,无论我们的生活还是学习中的很多方面都需要运用电子信息化,当然对于中小学生的教育教学过程中也少不了信息化的使用。在中小学教学过程中,教育信息化无论对于授课老师还是听课的学生都有着很重要的作用和影响,所以在中小学的教学过程中,需要对信息化教育提高重视程度。教育信息化不仅仅使得教课老师能够随时更新自己的专业知识和教育思想观念,也使得学生的学习途径更加广泛,能够让学生随时随地都能够学习。所以,教育信息化的使用对于中小学的师生都有着积极的作用和影响。同时,教育信息化也是一把双刃剑,它的实行在给中小学教育教学带来一些帮助和机遇的同时,也对学校、教师和学生提出了更高的要求,并且它自身也存在着一些缺陷和限制,从而对中小学的教学也带来一定的挑战。

一、教育信息化对中小学生学习的积极作用和影响

首先,教育信息化改变了中小学生的学习方式,更加有利于学生的自主学习。教育信息化对于学生的帮助很大,因为以前传统的学习方法就是学生在实际课堂上听取教师进行知识的讲授,使用教育信息化之后学生可以不用非要在实际课堂上学习,他们可以在家里或者其他地方使用网上课堂或者将老师的课件拷贝到自己电脑上进行听讲。学生将老师的课件拷贝下来之后能够随时听讲,遇到不明白或者有疑问的地方可以反复看课件,并且不用必须与老师面对面才能解决问题,这样不仅仅方便了学生学习和思考问题,也节省了任课老师的时间和精力。

其次,教育信息化可以调动中小学生的学习兴趣并且提高他们的学习效率。中小学校实施教育信息化使得一些枯燥无味的知识变为形象生动的画面或者是直观形象的图表,让中小学生的学习增加了趣味性。信息化教育不仅仅可以让知识变得更加形象,还可以在讲课的过程中增添一些视频或者声音片段,这样中小学生在上课的过程中也比较容易集中精神去听课,多种感官系统一起作用,能够让学生获得一种真实的感觉,这样就能让学生将学习的东西转化为更加深刻的记忆。所以对于这种既能够调动学生的学习积极性,又能够在一定程度上提高学生的学习效率和学习质量的教学方法,我们应该对其给予极大的重视和研究。

与此同时,教育信息化能够营造一个轻松、愉快的学习氛围。由于教育信息化可以将图、表、声音、视频等各种感觉的信息融合在一起,这样不仅仅可以形象生动地解释相关的知识点,还可以让中小学生充分利用各个感觉器官去感受学习,从而将这些内容深深地刻在自己的心中。这种教学模式使得学生对课堂学习增强了浓厚的兴趣,从而对于相应的学科学习也增加了兴趣和热情。

此外,教育信息化可以增加中小学生和授课老师之间的互动和交流。现代的中小学生的教育教学理论和思想观念认为,在中小学生的教育教学过程中应该以学生的学习情况或者学习能力为中心,而不是以授课老师的教授方式和教授内容为中心,并且对于中小学生来说,学习的主要作用或者目的是将所学到的知识应用于实际生活和以后的学习中,老师授课的主要目的也是为了让中小学生能够更好地理解课堂上所讲授的知识。所以中小学生在教育信息化的实行过程中需要积极地、主动地参与到老师的教育教学中去,在接受老师讲解的专业知识的同时,也提出自己的意见和想法,更好地完善自我。

二、教育信息化对中小学授课老师的积极作用和影响

教育信息化的使用使得学校或者授课老师能够了解全国各地的优秀学校或者教师都在进行什么形式的教学或者有什么特别成功的案例,教师通过浏览这些信息能够找到一些适合自己学校的教育教学的方法,让学生更好地学习。

1. 教育信息化在授课老师备课过程中的作用

教育信息化的使用使得每个学校的教学资源和信息都可以共享,丰

富和增添了中小学的教学内容,不仅仅再局限于学校所提供的教材。有了教育信息化的帮助,学校老师在讲授一些抽象原理或者晦涩难懂的知识的时候,就可以运用计算机通过声音、图像表达出这些原理或者知识的形成过程,将那些晦涩难懂的知识通过图像形象地表达出来。很多时候教师在进行知识讲解的过程中,需要使用图表或者是某个现象的形成过程,如果教师在课堂上将图表或者现象具体地画到黑板上的话就会浪费很多时间和精力。但是教育信息化就解决了这个问题,老师在备课的时候可以上网搜索相关的图表和现象形成过程的图或者视频,将它们下载下来放入自己的讲义中。教育信息化的应用将老师的备课时间大大地减少了,并且对于任课老师的教学内容来说也有了很大的充实,在授课过程中,也节省了在黑板上写字的时间。由此可以看出,教育信息化的使用使得授课老师在备课过程中节省了很多的时间和精力,这样授课老师就可以将在备课的过程中节省的大部分的时间和精力用来对中小学在每个学习期中的学习进程和学科内容进行恰当安排,为中小学生能够更好地学习作出努力。

2. 教育信息化在授课老师讲授知识的过程中的作用

教育信息化能够将前后讲解的知识点或者内容很好地联系起来。中小学生所学的每个学科中每个单元或者章节之间是相互联系的,所以在进行知识讲解的过程中有些时候需要用到以前的知识点或者内容,如果运用传统的教学模式,那么我们的老师和学生就要凭借记忆或者翻阅以前的笔记来联系这两个知识点,这样就会浪费很多不必要的时间和精力;假如使用教育信息化进行中小学课程的教授,那么我们的任课老师在讲到有关联的知识点的时候可以将以前的课件调出来让同学们复习,这样就可以既省时又省力地将相联系的知识点连接起来了。

三、教育信息化对中小学教育教学提出的挑战

教育信息化的应用需要中小学校改善自己的教学条件和相应的教

育环境。中小学校要想成功地实行教育信息化就需要引进现代化的电子设备和一些多媒体技术。教育信息化对中小学的授课老师和学生来说有着很重要的帮助作用,但是由于教育信息化的使用需要借助一些电子设备并且这些设备的价格比较昂贵,这就导致了一些经济条件不好的学校不能够成功地实行教育信息化的教育教学方式。即使电子设备的购买费用解决之后,那么以后对于设备的维修费用、保养费用等等各种费用的花销也是很大的,可能对于城市地区的学校这些费用是可以承担的,但是对于一些农村地区的学校或者经济条件不好的西部地区的学校来说,这些费用是遥不可及的。

在进行教育信息化的过程中,还需要考虑到操作这些电子设备时电子信息技术的应用。在我国的很多中小学老师的计算机操作能力比较差,更缺乏对新型计算机教学系统和教学软件的学习,甚至有些中小学老师连最基本的计算机操作都不能够完成,这种现象就严重阻碍了教育信息化在中小学中的顺利实行。

教育信息化要想在中小学成功应用不仅仅需要学校和老师的积极配合,也对中小学生提出了相应的要求和标准。在中小学进行教育信息化的时候,首先要求任课老师必须掌握一定的信息技术和对电子设备的操作能力,但是对于中小学而言,教育信息化的成功实行也需要他们在一定程度对信息技术或者计算机网络有所了解和掌握。因为老师在授课的过程中,主要是以自己的讲解为主,如果学生有听不明白的地方或者对老师讲解的内容有异议的话,不能够及时地反映给老师,而是需要在课下或者回家之后才能有机会和老师进行沟通。这就要求学生能够自己独立、熟练地进行计算机和网络的操作,能够熟练地与老师进行沟通和互动;而对于低年级的小学生来说,他们可以在家长的帮助下与任课老师进行交流和沟通。

但是由于现在我们的教育水平和学生的家庭环境的不同使得学生

对于计算机网络的使用有着很大的差异性,所以要想在中小学成功地实行教育信息化还有很长的路要走。

学校教育的有限性

我们应认识到,学校教育是具有有限性的。实际上。将教育作为个人实现其价值的唯一工具,或者将教育作为人类实现其美好愿望和理想的唯一手段,都会使教育超过其适用的边界与限度。只要我们从实际出发,实事求是地看问题而不是从虚幻的空想出发,就不难发现学校教育功能的有限性。教育的有限性主要是指教育功能的有限性。

一、学校教育有限性的表征

1.人的自由发展是学校教育功能的底线

教育是一项培养人的社会活动,这已成为人们的共识。不论是从逻辑上讲还是就现实而言,教育(也就是学校教育)都应该是一项专门促进人(主要是学生)的发展的活动。学者们一般将学校教育促进学生的发展的功能称为教育的"本体性"功能,指出:"学生的发展既是教育的出发点,也是教育的归宿。"所以,教育的最大功能是促进学生的发展,而对社会其他没有在学校学习的人的直接作用是有限的,对社会其他系统的功能(如政治、经济等)都是通过促进学生的发展而间接实现的。以人为目的和出发点,以成人为宗旨,以人对人的方式来成人,这构成了一道庄严的"教育底线"。如果离开了这条底线,教育就不成其为教育。也就是说,真正的学校教育必须以学生的发展为底线。而学生的发展是多方面的,教育的作用又主要体现在哪里?其基本作用在于促进受教育者的个性与思想的自由发展。正如联合国教科文组织所言:"教育的基本作用,似乎比任何时候都更在于保证人人享有他们自己为充分发挥自己的才能和尽可能牢牢掌握自己的命运而需要的思想、判断、情感和想象方面的自由。"

2.学校教育的功能主要表现为促进作用

教育对学生的发展的功能主要表现为促进作用,也就是说,它不能决定学生的发展。教育,不论组织、规划得多么好,终究是发展的外因。根据马克思主义基本原理,外因是变化的条件,内因是变化的根据,所以仅靠学校教育,无法保证学生的全面发展。而人们通常误认为,教育可以决定受教育者的一切。事实上,教育不能决定(只能是促进)受教育者的发展,更不能决定受教育者的一切。儿童也有其成长的自然法则,教师只不过是在儿童的自然成长中给了一点帮助。

3.教育的工具性功能不能过于夸大

教育的工具性功能主要是指教育对社会政治、经济、文化等的功能,它的实现要依靠受过教育的人来完成。这种功能的实现,不仅将人当作工具,也将教育当作工具。教育工具性功能还有一种表现是,将教育作为个人获取某一资格(如就业)的手段。对教育的工具性功能应该重视,但不能过于强调,否则就会将目的与手段倒置,使人的发展蒙受损失。只有教育不附属于其他目的,方能保全"真正的教育"。

二、学校教育有限性的原因分析

1.学校教育只是影响学生发展的因素之一

正如加拿大著名教育学家马克斯·范梅南所言:"孩子的发展,不论好的方面还是坏的方面,都不止是我们教育学行为的结果。……还有许多因素影响着孩子走向成熟。"影响人的发展的因素主要有遗传、环境、个人的主观能动性,教育只是其中之一,且还不是最主要的原因。教育仅是一种特殊的环境,它与除它以外的环境比较起来,在学生的发展过程中虽起着主导作用,但它不能决定儿童的发展。因为在儿童发展中起决定作用的是内因,即儿童的主观能动性。即使仅就教育来说,教育又有家庭教育、社会教育、学校教育之分。虽说学校教育在儿童发展中起重要作用,但其他形式教育的作用也不可小视。在学生发展的某些方面,家庭教育(或早期教育)或社会教育也会起主导作用。很多教育思想家在论述教育时,都是非常重视家庭教育(或早期教育)的。德国思想家康德在阐发其教育思想时认为,儿童的教育应该从婴儿的保育开始。他认为:"对孩子最早的败坏乃是依从他们独裁式的意志,让他们靠哭喊就能迫使一切人就犯。这以后要再让他们改好就会极其困难,而且几乎不可能成功。"可见,良好的道德品质养成的关键期是在早期教育阶段,其实很多父母和教师都明白这一点。同理,社会教育在儿童的社会化过程中起到的重要作用也是学校教育无法代替的。还有,学校教育只能为学生成才奠定基础,却无法保证学生最终成为人才,因为学生走出学校后,其发展更多的是受社会环境、制度等因素的影响。

2.教师的作用是有限的

学校教育对学生发展的促进作用主要通过教师的工作来完成,然而教师在教学过程中的作用也不是万能的。教育学生是一项十分复杂的事情,它本质不是技术的问题,而是艺术的问题。这项艺术需要教师作出持续不断的努力。虽然教师具有教育学生的良好愿望,但由于没有一个人是完美的,再加上教育过程中有太多的不可预料的因素,所以在教育过程中,教师理解上错误和把事情弄错是时有发生的,而不可能总是正确地行动。仅就课堂教学而言,一些研究人员估计教师平均每分钟就要作一个决定。它们意味着教师在不断变化的情境中要不断地采取行动。这样,教师的很多行动都是凭借经验与直觉来进行的,根本顾不上去计划、思考与反思,在此情况下,错误在所难免。所以我们必须认识到教育者的力量是有限的。然而在教育现实中,人们总是认为教师无所不能,外行这么认为,教师自己也不承认自己的局限,最终使教师负重太多。当然这并不是说,教师出错是正常的,那就是对教师的错误采取自然主义的态度。作为教师,应该有高度的使命感与责任感,正如马克斯·范梅南所说,要有一种为儿童好的心向,敢于承认错误,尽量避免错误,力求减少错误,设法弥补错误。

3.学校教育也要受外部条件的影响

学校教育是社会大系统中的一个子系统,其发展必然要受到社会的限制,尤其是要受到社会政治、经济、文化发展水平的限制,社会制度的钳制作用亦不可忽略。我们不能在忽略社会对教育制约的情况下过于强调教育对社会及人的发展的积极作用。人们总是期望教育对社会发展和经济建设起更大的作用,但这需要为教育提供相应的保障条件。比如说,若教育投资严重不足,教育自身运转都存在问题,那么正常的教育功能就不能很好地发挥,更不用说其辐射功能了。但现实中人们很少考虑到教育要受到外部条件的制约。

4.教育只是促进社会发展的因素之一

影响社会发展的因素是多方面的,如政治、经济、制度、科技、资源、气候等,教育只是其中的因素之一,且还不能直接作用于社会的发展(至于通过教育拉动内需以促进经济发展,本质上已不在教育的范畴之内)。正如《学记》所言:"建国君民,教学为先。"教育对社会发展只能起到奠基作用。"奠基作用"不是"一切作用",好比建房子,基础扎实,房子稳固,但基础不能决定房子的结构、外观及其功用,所以不应将社会发展的一切方面都归结到教育上来。教育本身不能单独改变社会的负面现象,所以教育不能单独对社会发展的一切不良方面负责。

三、认识到学校教育有限性的意义

正确认识学校教育的有限性,不论是对学生的发展,还是对教育自身的发展,都大有裨益,其意义主要表现为以下几方面:

1.正确发挥学校教育的本体功能

教育的基本功能是促进人的发展,而不是其他。其他功能都是由受过教育的人来发挥的,不是教育的直接功能。如果过于强调教育的工具性功能,必然会导致教育本体功能的迷失。因为当教育过于关注经济、社会的发展时,它往往会随社会亦步亦趋,将人当作社会发展的工具。在教育功能过于泛化的情况下,教育的本体功能——成人,就会演化为工具性功能,就会出现本末倒置的情况,进而不利于学生的发展。另一方面,当将教育的功能聚焦于学生的发展时,教育工作者就不会因过滥的功能定位而分散精力,这样就有相应的精力来研究教育,探索教育的"成人"规律,从而使教育按自身的规律运行。同时,也可以免除一些外在原因对教育的干扰,从而使教育可以按照自身的规律运行。

2.使教师更有信心和责任感

若将完美的教育理想当作教育应有的功能,并用之来框定教育现实,就会使得学生永远不能成为一个真正意义上的受过教育的人,使得教育成为一种永远未竟的事业。在此情形下,教育永远无法避免指责。在这些无根据的指责中,教师丧失的是自信心。若将教育的主要功能定位于学生的发展,教师就会因看到学生的成长而信心倍增,因而也会更有责任感。

3.有利于正确发挥其他教育形式的功能

论述学校教育功能的有限性,并不是为学校教育开脱责任(可以肯定地说,当前的学校教育是存在问题的,这正是教育改革的原因所在)。相反,它一方面是为了保证学校教育正确地发挥自己的作用,另一方面也是为了正确地发挥其他教育,如家庭教育、社会教育、早期教育的功能。其实这是从根本上出于对学生发展的关心,这既是为了教育,更是为了学生。法国当代著名的哲学家皮埃尔·玛南借用柏拉图的洞穴隐喻指出教育有两个目的:教会学生在洞穴中生活——关于文明的教育和教会学生走出洞穴——关于真理的教育。他指出现在学校危机最严重的症候之一就是:本应由家庭进行的关于文明的教育现在成了学校的越来越重要的任务,于是学校承受着双重任务,即文明教育和真理教育。同样,社会也将其自身应担负的教育责任推给了学校。之所以如此,是因为人们没有认识到学校教育的有限性。

学校教育实施质量管理体系的必要性

随着 2008 版 ISO9001 标准在中国的发布和推广，以及社会各界对质量的重视，越来越多的企事业单位、社会团体的管理者将质量管理作为组织管理中一项必不可少的活动加以实施，所以质量管理体系已经开始从传统的制造业，扩展到服务型行业，诸如宾馆、餐饮、物流、旅游、物业管理等；而作为服务行业中特殊的一个分支——教育组织，也逐步认识到质量管理对于教育服务的积极作用和长远意义。目前教育组织开展质量管理相对于其他企业来说起步较晚，数量也较少，但其发展趋势则十分迅速，是教育改革中一项不可忽视的内容。

当前国内各大中城市的许多家庭都希望子女得到良好的教育，在为子女选择学校时都希望子女能进入师资雄厚、设施齐全、教育质量优异的学校学习。但无论从全国范围来看，还是从某一城市区域来看，教育资源的发展仍处于相当不平衡的状态，各学校在教育质量、师资能力、设施配备等方面都存在一定的差距。同时，由于我国中小学九年制义务教育大多实行的是就近入学的政策，普通民众无法像选购日常商品那样，为子女自行选择满意的学校。如何缩小学校间的差距，为孩子提供接受同等教育的机会，一方面需要国家教育主管部门从宏观上加以调配和管理；另一方面，则要求学校从自身出发，用规范的管理来不断提升学校的教育质量。而实施质量管理体系则可以运用过程方法、管理的系统方法等手段，使学校将制度、人员、资源有机地整合起来，推动学校的各级人员共同参与，从而提高学校的教育服务质量，缩小学校间的差距。这也是解决教育改革中存在的教育资源不均衡的一种重要手段。

在推行质量管理体系的初始阶段，学校的各级人员和企业一样，都会有一些抵触情绪,认为实施质量管理体系是一项相当繁琐的工作,需要制定多份文件,填写大量的记录、报告、报表等,不但加大了教职员工的工作量,而且束缚了教职员工的灵活性。这固然是由于学校的教职员工对质量管理体系的不理解造成的,同时也由于教育服务业和其他服务业相比有其特殊性,这主要表现在:

1. 目前教育质量的好坏在很大程度上依据学生成绩和升学率高低来评价,而学生成绩和升学率的高低一方面取决于学校提供的教育服务,另一方面则取决于学生自身的能力和素质,因而无法有一个统一的评判标准。

2. 学校的教职员工大多身兼多职,既要承担教学任务,又要负责对学生的管理,同时还要承担一部分的行政管理工作,这无形中会使教职员工认为实施质量管理体系会额外增加自身的工作量。

3. 学生入学后的在校学习有一定的延续性,少则三年,多则六年,期间因对学校教育质量不满而随时转学的情况出现较少;同时,就近入学和升学考试制度也束缚了学生和家长的自主择校,这也导致了学校管理者在推进质量管理体系方面不如企业那样迫切。

质量管理体系不是为组织规定一些条条框框,使组织陷于一种机械的、僵化的、呆板的、低效的管理模式中,也不是把组织原有的管理模式一股脑儿地推翻,为组织另起炉灶,重新建立一套管理方法,更不会将组织的各级人员陷入埋头编写文件、填写记录的文字游戏中。它是由组织根据自身的能力和特点,结合自身的情况,建立和实施的一种管理模式;同时,它又是组织在原有的管理基础和模式上,运用先进的过程方法和系统管理方法,对现行管理制度加以整理和规范,对现有资源加以整合和优化,使组织内部更有效、更高效、更协调地运作,从而持续得到可证实的、可信的、符合要求的结果,从而对学校的教学和管理起到很好的促进作用。

质量管理体系在中小学校教育中的应用

目前,中小学教育活动中,质量管理体系的实际运用主要有以下几个方面的内容:

一、设计开发的控制

新的教学模式、教学方法等教科研项目的开发是特色教育和创新型教育的前提,对教科研项目和课题的研究体现了一个学校的创新能力。所以,学校应把对教育教学课题、教育教学方法的研究视为设计开发过程。因此,如按照标准中对设计开发的控制要求,学校可以把课题申报表或立项报告作为设计输入,并在手册或程序文件中规定应包含的主要项目和内容描述要求,如:(1)课题研究背景、价值及重要意义;(2)课题的研究条件、概念阐释和指导性理论;(3)课题目的或研究目标;(4)主要研究基本方向和内容、创新性和可行性;(5)主要研究方案、方法和遵循的原则;(6)预期研究成果;(7)人员及其他研究保障条件等。

同时,还应规定对申报表或立项报告进行评审。通常,学校设立教科室或教研室来负责教科研课题的研究,所以可由教科室或教研室组织对教师提交的申报表或立项报告的充分性和适宜性进行评审。负责课题研究的教师或小组应在课题研究正式开始前进行策划,如制订课题研究计划,在计划中按标准要求确定:(1)课题研究的步骤、方法和时间安排;(2)课题研究成果的检查、评价时机、手段以及参与的人员;(3)课题研究的组织与管理等内容。

在课题研究过程中,学校应按照策划规定,在研究过程的适当阶段,对课题进行中期评估,形成中期评估报告,以作为设计开发的评审。

当课题研究结束后,可形成课题结题报告作为设计输出,其中可包括:(1)课题研究的背景、意义及指导性理论;(2)课题研究的主要方法、步骤;(3)课题研究的主要成果,以论文、作品、主题活动、公开教学等形式展示；(4)课题研究成果的应用价值和理论价值等。教科室或教研室可组成专家鉴定小组对结题报告进行结题鉴定形成鉴定报告,对课题的研究成果给出结论性意见,这一过程可视为设计开发的验证和确认活动。此外,也可将结题鉴定作为设计开发的验证活动,而将论文的发表以及研究成果的小范围推广视为设计开发的确认活动。而通过结题鉴定的结题报告则可作为设计输出,并经授权人员的批准。

二、采购和外包过程的控制

与企业相比较,学校所采购的直接用于教育服务的产品相对较少,如课本、练习册、教辅材料、学习用品等,且这些物品大多是由教育主管部门通过招标而确定的供应商提供的,学校自主选择供应商的余地不是很大。所以,学校应把重点放在对供应方的日常控制和重新评价上,注重收集、汇总和分析采购物品在使用过程中的质量情况和数据,及时传递给教育主管部门。

此外,由于学校在教育服务过程中存在一些外包过程,如学生和教职员工的餐饮服务、校园保洁和保安、兼职教师和专家聘用,以及组织学生进行校外活动时选择的旅游公司等,这些活动在实施过程中会对教职员工和学生的安全、健康,以及学校教育教学质量产生较大影响,所以学校应特别注重对外包方的评价和控制,除了按照标准的要求对其进行常规的评价外,还可以在此基础上采用诸如:对兼职教师和专家的资质和能力进行确认,按国家相关法律法规的规定要求餐饮服务公司和旅游公司提供相应的企业和人员资质证明,和外包方签署质量协议,在外包服务过程中对外包方进行检查、监控等方式。

三、教育服务提供的控制

中小学的教育服务过程一般可分为教学过程、德育教育过程和后勤服务过程三大类,学校应该对这三大类过程分别进行控制,以保证教育服务质量,而在这三个过程中,尤以对教学过程的控制为重中之重。

1. 对于教学过程和德育教育过程,通常每学年开学初由校务会确定各课程任课教师、各班班主任以及教研组长和年级组长,并由教务处、政教处在每学期开学初分别制定本学期的教学计划和德育工作计划,编制课程表,做好教学物资和各专业教室的安排,下发至相关人员予以执行。

2. 各任课教师在上课前按照教学计划、课程表、教学大纲、课本教材以及教学参考资料等,编写备课笔记和教案;而班主任则会按照德育工作计划制定本班级的德育教育教案作为教学的依据。

3. 学校会制定教师的教学规范、班主任的工作规范等管理规章制度,作为课堂教学、布置作业、课后辅导以及后续考试、考核和班级管理的指导性规范,同时也可作为对教师教学质量进行检查的依据。

4. 教学完成后,学校会要求教师和班主任做好教学笔记、班会记录、学生评语等,记录教学过程中的心得、问题、经验和教训等内容。

5. 学校会在学期的某些时间点对学生进行考核(如日常测验、期中和期末考试等),作为对学生学习情况和教师教学质量的检查。

6. 学生在校学习期间,学校会建立每一位学生的学习档案,其中可包括入学通知、学籍卡、学生毕业、奖惩等有关材料,以及学生成绩记分册、健康卡等资料,并根据学生的年级号、班级号、学号和姓名的组合作为唯一性标识,对学生在校学习的每个阶段的情况进行追溯。

7. 学校应制定相应的规章制度对学生的财产进行控制和保护,其中主要涉及学生个人和家庭信息、学生自带的物品以及学生的作品的保护。

8. 学校应关注学生在校学习期间的健康和安全问题,尤其是在体育课、实验室、课外和校外活动等易发生人身伤害的场合,采用事前提醒、现场指导和示范、日常监督和检查、事后交流和总结等方法来确保学生的人身安全和身心健康。

9. 学校应关注学生档案、考试试卷等教学文件和记录的保护和保密。

质量管理体系对学校教育质量的影响

在学校质量管理体系建立过程中，从标准的要求来看，目前学校对教育过程的常规控制手段中，还存在一些可以进一步完善的地方，如：学校制定的工作规范中描述的要求较为笼统，只是告诉教师在教学的每个阶段应该完成哪些内容，但在怎样实施和操作，以及完成的要求方面还不够细化，这就造成部分教师，在接受自己不熟悉的教学任务时显得无所适从，往往会造成在教学过程中出现缺失或盲点，使教育质量出现阶段性的下降。

同时，学校目前对教师的培养大多采取以老带新，口传心授的方法，但是由于每位教师对教学重点的理解和把握不同，在带教时往往会着重传授自己的擅长的方面和成功的经验，而避开自己的劣势和教训，这样也可能造成新教师不能全面、完整地了解教学大纲和教材的要求，从而导致新教师在独立承担教学任务时，出现教学质量的暂时下降。

因此，学校应当通过一些规范的制定，如各课程的教学指导规范、班级管理规范等，来明确教师的工作步骤、内容和要求。但在制定规范时要兼顾原则性和灵活性，既要使教师明白应该做什么、怎么做、基本要求是哪些，又要使教师在满足基本教学要求的基础上发挥其自身的创造性和创新性，形成教学既规范，又有不同特色的局面。

与此同时，学校目前对试卷的命题大都由教研组在每次考核前集体讨论形成，这样会造成各阶段试卷的难度、题量、题型等差异较大，不利于客观地评价学生的知识掌握情况和教师的教学质量。因此，学校可制定试卷命题的管理规范，具体规定各阶段试卷的题型分布、难易程度分配、题量控制等要求；同时形成学校的试题库，按照题型、题量、难度的要求随机抽取试题,形成试卷;以避免因各阶段试卷差异较大,而造成无法客观、准确评价学生学习状况和教师教学质量的情况。

在教育服务的监视测量方面,由于学校教育属于一种特殊的服务,所以在对其产品——教育服务进行监视测量时,不仅要关注对教育服务实施结果的监视测量,而且要关注对教育服务实施过程的监视测量。学校不能简单地把对学生的考核作为对教育服务的监视和测量,并把学生的成绩及格与否作为衡量教育质量是否符合要求的证据。

学校教育属于服务行业,所以其质量要求的判定和其他服务类似,不能通过检测设备进行精确测量,其好坏的程度依赖于接受者和检查者的主观感受。目前学校在对教育教学活动进行检查时,往往只规定了检查项目,如通过对教案和备课笔记的检查来确定教学准备阶段的符合程度;通过听课对课堂教学的规范性进行检查;通过对学生作业的检查,对考核成绩的统计分析来确定教学结果的质量状况等,但缺少针对每个检查项目的具体检查内容、检查方法、判定依据等内容,因而无法对教育质量做出客观、准确的判定。

学校可以制定详细的教育检查规范,在其中可规定检查项目、频次、内容、方法、记录以及每个项目的质量要求,如采用听课的方式对课堂教学的规范性进行检查时,可规定各科目的教研组长每周应对教研组内的教师授课进行几次听课;听课时应关注的内容及其要求:如课程重点是否讲解清楚,课堂教学方法、教具使用、板书的规范性和正确性,教学时间的分配的合理性,以及教学姿态,与学生的互动性,听课后应当形成的记录等。同时在检查记录中可采取文字描述和项目打分的方法对教师的教育教学服务质量的符合性进行量化、客观、公正的评价,从中寻找差距和问题,为教育服务的持续改进创造条件。

此外,质量管理体系标准对于教育服务不合格的控制方面,由于学校教育的产品是教育服务,而教育服务的对象是学生群体,所以学校不能简单地把单个学生成绩不及格违反学校纪律等个别现象作为教育服务的不合格加以识别,也不能把对学生的违纪处罚、补考、留级等方式作为不合格的处置方法。

对于学校教育来说,应当把教育服务过程中出现的不符合规范的现象作为教育服务的不合格加以识别,如体罚学生、不合理收费、教师擅自改变教育和教学计划中规定的活动(增加学生课业负担或减少课堂作业、拖堂、早放、缺课等);学生、家长、社会、教育行政部门对教育教学质量的投诉、曝光、处罚;学生在教育教学过程中出现的重大安全事故或身心伤害;以及某一班级一定数量的学生的考核成绩不及格等都可以识别为教育服务的不合格。

总之,通过质量管理体系的建立和实施,可以使中小学校形成一套更为科学、完善、有效、高效的管理模式,从根本上克服学校管理中存在的主观性、随意性问题,在广大教职员工"教书育人"的理念上,增加"服务为先、质量至上"的观念,从而使学校的管理走上科学化、规范化的轨道,促进学校的可持续发展,持续提供使广大学生和家长满意的教育服务,为国家和社会提供更多有用的人才。

课程改革中教师的作用及其地位

教师是教育改革中的一个重要的角色,教师的主体性地位不仅是促进学生主体性发展的关键,也是教师自我发展的关键。有效地发挥教师的主体地位的作用,已经成为目前教师专业化发展的迫切任务。教师的主体性作用应当以唤起教师对自我发展的愿望和追求为前提,以教师所在的群体或组织所产生的群体影响力或环境影响力为外在的促进手段,在学校整体环境的构建中,实现教师的全方位发展,发挥教师的主体性作用是目前教师发展的根本策略与途径,也是不断完善学校教育工作的重要方式。

一、教师在教学改革中的作用

教师在教学改革中起着举足轻重的作用,教学改革的成功与否,与教师息息相关。教师是推动人类社会发展不可缺少的重要因素,在当代学校教育的教学改革中,教师扮演的是一个践行者的角色,他履行着自己的责任与义务,在教学过程中推进改革方案的进行。可以这样说,学校教育教学改革成功与否,教师起着关键作用。教学改革活动中,如果教师的主体意识强,参与教学改革的自觉性就大,也就更能发挥他们的能动作用,教学的成效也就越高,反之,则越小,而且,由于赋予他们的责任较大,促使教师对自身提出的要求也就越高。

1. 教师的辅导作用

课堂教学是由教师来教,学生来学,是由两者来共同完成的。教师在贯穿于整个教学过程中,不论课内课外都要给学生以专门的、不间断的指导学习。帮助学生找到适合自己的学习方式和探究方法,并从自身全面的成长需要树立起正确的学习目的,端正学习态度,使学生有自身长远发展的眼光,而不能仅盯在眼前成绩上。教师还要选择多样化的新课程方案为学生个性发展提供广阔的空间。学生将在这种课程的学习中不断地选择,并在选择中不断地提高选择能力,人生规划能力。

2. 教师的亲和作用

不同的学生,性格也会有所不同,有的能做到和教师融洽相处,有的因性格内向等原因不愿接近教师,心中有疑惑、问题也不会请教教师,心中的疑惑难以得到及时解决,这就要求教师要有一定的亲和力,走进学生中,与学生打成一片,消除代沟、隔阂,成为学生的知心朋友,要好的伙伴,使学生做到和教师无话不谈。这种关系不仅要体现在学习上也要体现在日常的生活当中,教师要关心、爱护学生,让学生有家的感受。

3. 教师的示范作用

教师的示范作用是由教师的劳动对象和性质决定的,它不仅体现在课堂上,而且也体现在日常生活中,课堂上示范讲授知识的正确性,学习方法的技巧性,规律性。

在教学中亲自指导学生完成实验的全过程,对实验的每一个环节、步骤,教师都要亲手示范和讲解。日常生活的示范体现在教师的身教上,即在道德准则,社会规范,礼仪上作出榜样,它是一种潜移默化的示范。教师在教育学生的过程中,要以自己的实际行动通过耳濡目染,把热情洋溢、乐观无谓的进取精神,把多思好学、兢兢业业的工作作风等高贵品质传授给学生。

4. 教师的主导作用

课堂是教学活动的主要场所,也是教师、学生、教材、教学用具、教学手段和方法和谐融合的过程。在这个过程中,学生是活动的主体,教师是活动的主导。

教学的效率和效果,主要取决于教师采取怎样的方法来对教学条件达到充分利用,把握和调节学生的学习,使学生的学习处于最佳状态。因此教师在课堂上要起主导作用,因为他是课堂教学的组织者,实施者,应在教学的目标,方向,内容,进程等方面给以把握,不让学生走歧路,偏航向。教师还应该根据教材的特点,充分发挥自己的主导作用,让学生活学活用,在玩中学,学中玩,让学生学得主动,学得深刻。激发他们学习的兴趣,充分挖掘他们的潜力。

5. 教师的激发作用

教师的激发作用,应体现在激发学生的学习兴趣上,从被动接受的"要我学"转化为主动进取的"我要学",最终走上自我教育的"我会学"的路子。这就要求教师能像化学药品中的催化剂一样,不断地催化,激发学生的学习兴趣,有了兴趣,教师的教就轻松,学生的学就容易,才能事半功倍,提高效率,因为兴趣是最好的老师。

除此之外,值得强调的是,在学校教育工作中,班主任既承担教学工作又负责班级管理,在教育教学中起着重要的作用。因此,在新课程改革中,要重新明确、认识班主任的责任和作用,充分调动其积极性,使其发挥更大的作用。

首先,班主任要带头更新观念。班主任是一个班集体的核心,是新课程改革的第一责任人,对班级课程改革负全面责任;班主任又是新课程改革的实践者,要具体对自己所教的课程进行改革。要更好地贯彻新课程改革的精神,把课程改革的主旨、目标和要求落到实处。班主任的认识水平,直接决定着新课程改革的落实程度,关系着课程改革的质量。

其次,班主任要带头搞好新课程改革。班主任一般都是教学骨干,由于班主任的双重身份,其本人在新课程改革中的表现对学生和其他教师有着直接影响。课堂是课程改革的主渠道,课堂教学研究是推进新课程改革的重要途径。打铁还需自身硬,班主任要带头转变教师观念和学生观念。

与此同时,班主任是新课程改革的宣传者和协调者。新课程改革由于要改变原有的教育教学模式,会出现这样那样的缺点和错误。因此,要得到学生、家长和社会的理解、支持和帮助,就要利用各种渠道做好宣传工作。新的一轮基础教育改革,由于教学理念、教学方式和学习方式的变化,实践中会遇到许多不确定的因素,教学会出现一些意想不到的问题。因此,班主任一定要理解、关心和支持任课教师的工作,帮助任课教师解决课改中遇到的困难和问题。还要通过与学生交流、深入课堂听课等,及时了解学生对课改的意见,发现任课教师在课改中存在的问题和不足,要及时地反馈和沟通,解决问题,化解矛盾,增加师生进行课改的信心和决心。还要利用家访、家长会等渠道,向家长通报课改情况,释疑解惑,并认真听取他们对课改的意见和建议,之后及时向学校、有关教师汇报或沟通。

二、教师在教学改革中的主体地位

当前的教学抓改革、求发展,使其适应并推动社会主义现代化建设,是高校工作面临的首要任务。尽管我国学校教育改革的目标有远近,布局有主次,层次有深浅,工作有急缓,头绪纷繁复杂,但必须明确教育及教学改革的主体是教师,发展的主力军也是教师。只有始终坚持教师在改革中的主体地位,改革必须依靠教师的观点不动摇,并采取一切措施调动、发挥教师的主体作用,才能把教学改革深入化,才能在真正意义上发展前进。

学校教育改革的价值目标决定了教师的主体地位。提高教育质量和办学效果,培养德智体全面发展的社会主义事业建设者和接班人,为社会主义事业服务,促进经济和社会的全面发展,是学校教育改革的价值目标。这就取决于能否充分发挥广大教师的主体地位。

在学校教育的发展中,其主体内容是教学改革活动,在教学改革活动中要通过教师的教学活动来提高学生的素质,使学生的思想观念、素质等发生改变,从而为国家经济建设培养出具有专业知识和技能的建设人才。学校办学以教师为主体,不仅涉及教师的主管部门,还会涉及到学校的各方各面。这就需要形成强烈的舆论氛围并营造出良好的环境机制。

首先,要从观念上进行梳理,在我国学校大力倡导尊师重教的舆论氛围,把尊师重教纳入学校的作风建设、文化建设,将传统文化发扬光大。

其次,进一步确立教师在办学中的主体地位,就要采取切实可行的措施壮大师资队伍,提高教师的素质结构。学校要根据学校教学科研等各项工作的发展需要,加大教师培养、引进力度,不断充实和壮大教师队伍。同时,还要采取积极的措施提高教师的素质结构,加强学术带头人和学术骨干的选拔和培养。

再次,营造有利于优秀人才脱颖而出的制度环境。还要加强教师聘任制度改革,鼓励教师按照特长发展,不拘一格降人才,千方百计选人才,形成百舸争流、人才辈出的局面,打造出一批优秀的教学和科研骨干。

最后,要为教学科研人员创业提供更大的发展空间和机会。要努力把学校建设成创业者的乐园,使教师都能够身心愉快地工作。要关心教师生活,努力给教学科研人员特别是优秀人才构筑良好的工作和生活环境。

课程改革中教师角色的转变

在课程改革过程中,教师的教育观念、教育方式、教学行为等都要发生很大的转变,这使得教师角色发生了很大的转变。教师角色的转变主要表现在以下几个方面:

一、由知识的传授者转向学习的参与者、促进者和指导者

教师一直被认为是知识的传授者,"传道、授业、解惑"被认为是教师的天职。然而,新课程认为,教学过程是师生的互动过程。在新课程中,传统意义上的教师的教与学生的学,将不断让位于师生互教互学,彼此将形成一个真正的"学习共同体"。教师不仅要参与到学生的学习活动中,而且要成为学生学习的促进者。当学生在自主观察、实验或讨论时,积极地看,积极地听,真实地感受学生的所作所为、所思所想,随时掌握课堂中的各种情况,考虑下一步如何指导学生学习。教师除了参与、促进学生的学习之外,更为重要的是对学生的学习给予指导。作为学生学习指导者的教师应帮助学生制订适当的学习目标,并确认和协调达到目标的最佳途径;指导学生形成良好的学习习惯,掌握学习策略;创设丰富的教学环境,激发学生的学习动机,培养学生的学习兴趣;为学生提供各种便利,为学生的学习服务;建立一个接纳性的、支持性的、宽容性的课

堂气氛。

二、由单一型教师转向综合型教师

新课程呼唤综合型教师,这是一个非常值得注意的变化。多年来,学校教学一直是分科进行的,教师的角色一旦确定,不少教师便画地为牢,把自己禁锢在学科堡垒中,不再涉猎其他学科的知识,这种单一的知识结构远远不能适应新课程的需要。此次课程改革,在改革现行分科课程的基础上,设置了分科为主、包含综合课程和综合实践活动的课程,由于课程内容和课题研究涉及多门学科和知识,这就要求教师改善自己的知识结构,成为综合型教师。

三、由"教书匠"转向科研型、创新型教师

在传统的教学过程中,教师是严格执行课程计划,忠实地向学生传授课本知识的"教书匠",这使得教师过分依赖教科书和教学参考书,影响了创造力的发挥。新课程鼓励教师搞科研、搞创新,强调教学过程是师生共同开发课程、丰富课程的过程,教学真正成为师生富有个性化的创造过程。新课程实行国家课程、地方课程和学校课程三级课程、三级管理。三级课程的实施意味着原来属于国家课程开发的权力部分地下放给学校和教师,从而使课程开发不再仅是学科专家和课程专家的专利,教师也成为课程开发的主体之一。这些意味着课堂不仅是课程的实施场所,而且也是进行教育教学实验的实验室。教师既是课程的实施者,同时又是课程的研究者。

四、由面向全体学生转为面向全体与面向个体相结合

在班级授课的情况下,教师面对是既有共同的身心特点,又有不同的遗传素质、家庭环境、智力水平、人格特性,而且身心发展又处在从不成熟到成熟的发展中的学生。教学既要面向全体学生进行,向他们提出统一的要求,在德、智、体等方面全面发展;又要承认学生的个别差异,采

取多种不同的教育措施,使学生的个性得到充分的发展,做到因材施教。新教材改革的趋势之一就是教材的个性化趋势。教材的个性问题实际上也是因材施教的问题。新的教育观念要求"面向每一个学生,特别是有差异的学生",课程既要体现共同性,也要体现差异性。新课程从课程目标到教材内容都体现了尊重学生的个体差异,尊重学生的多样化,允许学生发展的不同,采用不同的教育方法和评估标准,为每一个学生的发展创造条件。

课程改革中的教师培训的重要性及其现状

　　教师培训对课程改革来说至关重要,但现有的教师培训总是难尽人意。要找出其中的症结所在,需要采用一种新的分析思路。也就是说,我们不能仅从制度、内容与策略入手归纳有效培训的基本特征,而要从培训者与教师的人际互动入手,分析不同类型的培训者所持的专业取向与教师期望之间的关系,重新理解课程改革中教师培训的性质。

　　在课程改革中,要认识到教师培训不仅是一线教师的专业发展机会,而且是培训者与教师共同学习、共同成长的机会。

　　在政策方面,新课程改革一开始就把"先培训,后上岗;不培训,不上岗"作为原则,要求对所有实施新课程的教师"进行不低于40学时的岗前培训,凡未经新课程岗前培训的教师原则上不能实施新课程"。教育部相关负责人也多次强调教师培训对基础教育课程改革的重大意义。在"2005年高中课程骨干教师国家级研修班"的开幕典礼上,时任教育部副部长的袁贵仁更是明确指出:抓好师资培训,是新课程改革的"重中之重"。在研究方面,近年来已发表的关于新课程改革中教师培训的论文也可谓数不胜数。学者们一再强调,教师培训是推进课程改革的生命力所在。伴随着新课程改革的深入展开,教师培训制度必须不断创新,才能适应课程改革的要求。为此,研究者们对新课程教师培训的内容设计与操作模式提出了许多建议,如"以目标为导向;与内容配合看对象差别;重反馈调节;求实际效果",并对新课程改革中出现的一些新的教师培训策略(如校本教研、校本培训等)展开了一系列总结和反思。在实践方面,参加本次新课程改革的各实验区也对教师培训投入了大量智力和资金支持,建立了从国家到省市、区乃至学校等各个层级的教师培训网络,从规模看堪称前所未有。

然而,各界的广泛关注似乎并未给教师培训带来必然的改善。新课程改革以来,有关教师培训力度不够、实效不佳的批评不绝于耳。例如,新课程改革实验区的数次全国性的评估调查表明,虽然课程实施取得了一些初步成效,但教师培训缺乏实效、校本教研不够深入、教师缺少专业支持等始终是新课程改革难以解决的痼疾。

综观已有的教师培训研究,研究者倾向于持一种特质论的思路,大都将重点放在教师培训的制度、策略与内容方面,认为有效的教师培训必须具备一些基本特征,如着眼深层建构、坚持面向实践、注重专业发展、强调参与互动、依托基层学校、建立常规机制、加强宏观管理、发挥区域网络优势等等。诸如此类的特征还可以举出很多。这种从制度、策略与内容入手分析教师培训的方法当然不无益处,并且与当前国际领域中有关教师发展及教师培训的研究所采取的思路也颇为一致。例如,不少国际性的研究结果建议也认为,有效的教师发展活动应该:(1)关注教师作为学习者及教学人员的角色特征;(2)采用创新型的专业发展设计;(3)培养鼓励批判性探究的学校文化;(4)具有务实的课程内容架构;(5)关注教师的学科知识;(6)促进教师的积极学习;(7)将学校视为教师探究与发展的场所;(8)注重学校与大学或其他团体之间的协作;(9)建立教师及学校间的专业发展网络。不难看出,这些建议与国内学者的观点以及我们当前的做法有许多共同点。

然而,长期从事教师发展研究的专家古斯基在比较了13份"有效教师发展项目"后指出,对于何种方式可以有效促进教师发展的问题非但未达成共识,其研究结果有时甚至会相互冲突。即使对那些广受推荐的方式,如"促进教师合作"和"校本专业探究",不同学者的研究结果也并不能保证其必然产生积极的成效。因此,古斯基指出,此类归纳有效教师发展之特征的研究就算真的有效,也必须清楚地描述运用这些策略或内容时所处的情境特征,因为教师发展活动的有效性在很大程度上是具有情境依附性的。这或许能够解释为何新课程改革中教师培训至今仍难取得令人满意的效果:现有的建议大都未能说明教师培训活动与所处情境之间的关联,也无法消除各省、市、区之间的区域差异。即使以尊重情境特征见长的"校本培训"或"校本教研",当我们列出类似上述所提的那些特征名单时,学校之间的差异也不可避免地被或多或少地忽略掉了。

其实,这种特质论的分析思路忽视的不仅是学校之间、地区之间以及不同变革项目之间的差异,更重要的是,它忽略了教师培训所处的最大的情境特征——大规模系统性课程改革。在日常的教师培训中,培训者、受训教师以及相关研究者共享一套判断何谓"好的教学"的专业标准。人们可以根据这个相对稳定的参照系统确定有效教师培训应该具备的特征,相互之间也少有争议。但是,系统性课程改革的到来,打破了人们对"好的教学"的原有理解,而新的一整套专业标准也处于变动和形成之中。在此期间,参与培训的各方人员在判断教师培训成效时所持的参照系统可能不尽相同,于是人们对有效的教师培训所应具备的特征便难以达成共识。因此,以特质论的分析思路讨论课程改革中的教师培训,不仅一开始就先天不足,而且不少建议最终也容易成为空泛的设想。

那么,我们该从何处入手思考课程改革中的教师培训?问题的答案就是人,即那些课程改革中从事教师培训的培训者及受训教师。正如我们将教师视为课程改革的根本动因一样,无论何种教师培训制度、策略与内容,都要由培训者加以实施,而作为受众的教师,他们的感受和评价则是检验教师培训是否有效的最直接指标。为此,我们可尝试从课程改革中培训者与教师之间的人际互动入手,分析不同培训者的专业取向,了解教师对培训活动的期望,进而重构我们对课程改革中教师培训的理解。在新课程改革中,负责提升教师教学水平、协助教师按照改革要求实施课堂教学的教师培训工作通常由两类人员来承担:一类是各级教研系统中的教研员,另一类是大专院校中在学科知识、课程研究及教师教育等方面具备专长的专家。在教师们看来,这两类人员所提供的培训活动存在明显差异:前者重视经验,后者侧重理论。这种差异在两类培训者的自我陈述中也有清晰的反映。有的教研员说:"我当了二十几年的教师才来到教研室,我很清楚一线教师的辛苦。课例演示、课例研讨、野外实践考察——每次培训这三样我都有。这些培训也是老师们最感兴趣的。"而有的大学专家则说:"(在培训中)我只能从理论研究的角度讲——这也是我们理论研究者的责任。我认为,理论和实践相结合的前提是要有理论。而现在缺的就是理论引领,所以说还是要做理论。"

简言之,这两类培训者持有不同的专业取向:教研员秉承一种经验本位、实践指向的专业取向,而大学专家则偏重一种知识本位、理论指向的专业取向。不少研究表明,教学更强调的是一种实用性,这对课程改革中的教师来说尤其如此:他们渴望从培训者那里获得关于如何实施课程改革的可操作的信息,以及怎样做才算符合改革要求的"好的教学"的清晰指引。相对而言,教研员的专业取向更接近教师对培训活动实用性的期望。因而,教师对自己和教研员之间的互动具有较多的正面评价。大学专家的理论指导在改革的最初阶段虽然能够启迪和拓展教师的思想,但随着新课程的逐步实施,改革实践中的许多困难和问题都需要有更加务实的解决途径。当这些需要不能得到回应时,教师就会觉得大学专家们的培训内容空洞无力、不切实际。有的教师在接受访谈时就说:

"教研员可以来指导我们,可以使我们搭建平台,可以使我们很好地进行校与校之间的交流。可以说,这些活动还是有效的。"还有的教师说:"刚开始那些大学专家不讲理论也不行,(那时候)大家一头雾水、摸不着头脑。但第一年让我们转变观念,第二年让我们转变观念,总不能老是只让我们转变观念吧!实际操作中会遇到很多困难,你都不解释?"

虽然教师对教研员相对满意,但教研员提供的培训活动也常会遭到指导不强、方向不明的批评。究其原因,在于系统性课程改革要求教师采用许多全新的教学理念和策略,即使昔日经验丰富的教研员们对这些新的措施也缺乏尝试。而且,与许多教师一样,秉承经验本位、实践指向的教研员对改革理念也缺乏清晰的把握。因此,教师感到教研员提供的培训即便有效,其效果也是有限度的。有的教师就说:"(虽说)最大的支持就是教研活动,但效果并不大,因为那些主管教研的人自己也不知道新课程怎么搞,他怎么来培训我们呢?"还有的教师说:"教研活动指导性不强。每次教研活动,就给我们听一些实验课,各种各样的都有,他也不给一个统一的评价:怎么样上课比较好?怎么样才算做到新课程?他们只说'这个尝试很好',一直都给我们这个答案,所以我们无法了解方向在哪里。"

由此看来,培训者所持的专业取向与教师期望之间的距离远近不仅会影响到教师对自己与培训者之间人际互动的观感,而且是决定教师评价培训活动是否有效的一个核心要素。若二者相距较远,无论何种培训制度、内容和策略都难以保障教师培训的有效性。上述对教研员与大学专家的分析表明,这两类培训者要么不合乎教师的实用伦理,要么欠缺对于改革方向的清晰把握,从而导致教师对他们提供的培训活动的质量提出质疑。

专家教师——教师培训的新思路

在新课程改革中,有着这样一类可称为"专家教师"的教师培训者:

他们身处教学一线,对改革提倡的新理念与新策略勇于尝试、敢于实践,凭借自己在课堂教学中对改革措施的长期钻研,积累起自己对课程改革的独到见解和宝贵经验。随着改革的深入实施,他们的专业能力得到同行及专家的认可,从而受邀参加本地区或跨地区教师培训活动,担当起教师培训者的责任。他们虽然为数不多,甚至没有教师培训者的正式头衔,但他们在教师培训中颇受欢迎。

如果我们深入分析"专家教师"的成长经历,会发现他们大都遵循一种研究本位、实践指向的专业取向:他们重视改革理念向教学实际的转化,通过大量正式或非正式的、个人或群体的教学研究,一方面积累起实施改革的实践经验,另一方面也巩固了自己对新课程改革的信念和理解。在教师培训中,他们不仅能够为教师提供具体的、务实的教学指导,而且这些指导又能与当前新课程改革的理念和要求保持一致,而这正是秉承实用伦理的一线教师们在新课程培训中最想得到的。

如果说教师培训是课程改革的重中之重,而以往的教师培训又似乎总是难如人意,那么我们就要采用一种新的方式重新理解课程改革中的教师培训。正如学者所言,要解决教师培训中的深层次矛盾已经超越了技术和方法的范畴,而是要求我们必须解决教师培训观念的滞后问题。概言之,从培训者与一线教师的人际互动入手,分析不同类型的培训者所持的专业取向与教师期望之间一致性的思路,能够为我们理解课程改革中教师培训的性质带来新的认识。

首先,正如不断变化的改革实践一样,在课程改革中,人们对"好的教学"的理解也处于更替和变动之中。因此,负责促进教师专业发展、提升教师教学能力的教师培训,如果不能回应改革带来的"好的教学"的专业标准的变化,就无法保证其有效性。那种仅从制度、内容和策略入手总结有效教师培训的特征的分析思路,是难以回应系统性课程改革给这些专业标准带来的全方位改变的。

其次，负责实施教师培训的人，尤其是他们的专业取向，对决定课程改革中教师培训是否有效来说非常关键。一方面，那些侧重知识传递和理论阐述的教师培训由于和教师实际相距甚远，在改革中会越来越难以被教师接受。另一方面，那些依赖过往经验而设计的教师培训，也会因为与现有的改革要求不符而逐渐难收其效。只有那些既符合改革理念、又能指导课堂教学实际的教师培训才会得到教师的认可。要达到这种效果，培训者就必须展开持续的、基于课堂实践的教学研究，因为这样既能及时回应课程改革的要求，又能巩固、拓展和更新培训者对改革理念的把握。

再次，通常来说，培训者被人们视为"教师的教师"，教师培训是对在职教师的指导和监督。然而，诚如奈特所说，变革情境中的培训者们应在具有提升教师素质、改善学习质量的雄心壮志的同时，保持一种"个人的谦卑"。课程改革更需要的是一种"作为学习者的培训者"，即那些能够适应外部情境的变化，针对改革理念与措施进行自我学习、自我提高的教师培训者。在系统性的大规模课程改革中，教师培训不仅是为一线教师提供的专业发展机会，更是培训者与教师的共同学习和共同成长。

最后，新的教师培训观要求我们用一种开放的态度看待"谁来培训"这个基本问题。我们应该放弃对谁有资格成为教师培训者的成见，转而从实效性的角度考虑培训者的人选。更重要的是，我们要善于发现一线教师中蕴含的变革能量，帮助他们成长为我们期待的"专家教师"，赋予他们教师培训的相关权利及责任，并及时将其吸收进教师培训者的队伍。

学校管理

学校的管理与教育

一、基本概念

随着近现代社会的发展,管理活动成为人们研究的一个重要课题。许多研究管理活动的学者,都从不同的角度去阐明自己对管理的理解。

在西方,古典管理学派认为:"管理就是实行计划、组织、指挥、协调和控制。"

现代科学管理的决策理论学派的代表人物西蒙则认为:"管理就是决策",可以把"决策制定当作管理工作的同义语"。

苏联学者弗·阿法纳耶夫在其所著《社会主义生产管理理论与实际问题》一书中认为:"管理就是根据一个系统所固有的规律,施加影响于这个系统,使这个系统呈现一种新状态的过程。"

当代美国管理学者小詹姆斯·唐纳利、詹姆斯·吉布森、约翰·伊凡赛维奇等在他们合著的《管理学基础》中则认为管理是"由一个或更多的人来协调他人的活动,以便收到个人单独活动所不能收到的效果而进行的各种活动"。

在我国,目前对管理也有不同的理解,有人认为:"管理就是一个单位的负责人应用各种有关的原理和方法,引导大家集中力量去行动,以完成共同的目标";也有人认为:"所谓管理,就是指由专门机构和人进行的控制人和组织的行为,使之趋向预定目标的技术、科学和活动"。

国内外的管理学者对于什么是管理众说纷纭。有人认为:"管理就是创造必要的条件,组织人们有效地去实现既定的目标,它是一切有组织活动的地方均不可缺少的要素。"这里强调了目标和组织；"管理就是领导"是强调管理者个人领导艺术的重要性；"管理就是决策"强调决定政策、选择方案的重要性。也有人从系统论角度出发，认同弗·阿法纳耶夫的观点即"管理就是根据一个系统所固有的规律，施加影响于这个系统，使这个系统呈现一种新状态的过程"。

综上所述，我们可以对管理作这样的表述：管理是为了实现一定目标，由专门机构和人对组织中的各种资源进行计划、组织、指挥、协调和控制，以达成最大的功效而进行的活动。

与此同时，日本的久下荣志郎在其所著《现代教育行政学》中认为："学校管理的概念，是包括为达到学校本来目的的一切行为，一般可分为物的管理、人的管理和经营管理。所谓物的管理，就是指对设施设备的维持、保全作用；人的管理是指对教职员工的任免、服务、惩戒、监督等；经营管理包括班级编制、教育课程、校务分担、儿童和学生的管理等。"

也有人认为："学校管理，概括地说，就是对学校的教育、教学和后勤等活动进行管理。教育活动包含范围广，从广义来说，学校的每一项活动都应具有教育性；教学活动是学校一切活动的中心；后勤是为教学，为师生服务的。只有把三者的管理统一起来，才是学校管理的完整概念。"

因此，我们认为可以将学校管理的概念表述为：学校管理是学校通过一定的机构和人使学校沿着一定的方向维持学校按教育规律进行正常运转，使其获得不断发展和提高的手段。它是达成学校教育目标，提高工作效果的一种总体作用。其功能是对学校教育总过程的一切活动和资源进行计划、组织、指挥、监督和调节，以便实现全面提高教育质量的目的。

此外，学校教育是专门培养人才的活动，承担着把人类积累的丰富知识转化为教育对象认识世界、改造世界的能力的任务；学校管理则要对培养人才的活动进行全面的组织安排，合理利用学校的教育资源，使育人活动更有效地进行。学校管理以学校教育的目的为自己的最终目的。学校教育与学校管理之间的关系,是目的与手段的关系。没有学校教育,学校管理就失去了存在的基础;没有学校管理,学校教育必然低效,甚至酿成事故。

二、学校管理与教育的要素

系统论认为,在自然界和人类社会中,一切事物都是以系统的形式存在的。系统是由两个以上的要素构成的整体,学校管理也不例外。

关于学校管理的要素,教育管理界目前有"两要素说"、"三要素说"、"四要素说"和"五要素说"等多种观点。一般来说,学校管理要素主要包括管理主体、管理客体、管理目标和管理方法四个方面。

首先,管理主体是指在管理活动中处于主导地位,起支配作用的人和组织,是管理活动和管理职能的承担者、实施者。有人把管理主体仅仅理解为管理者,这种看法是片面的。管理主体包括管理者个体、管理者群体和管理机构,其中最主要的、发挥能动作用的应是管理者。但是,管理机构同样重要。管理机构即通常所谓的职能机构,它履行着重要的管理职能,绝不是可有可无的。管理主体是管理活动的决定因素。无论现代管理怎样强调民主管理,怎样强调淡化官方意识,都不能否定管理主体的作用,"龙无首不行"是对管理主体作用最形象的说明。

其次,管理客体是指进入管理范围,不依管理主体的存在而存在的客观事物,即管理活动的承受者,管理主体认识和实践的对象。管理客体可以是自然的,也可以是社会的或精神的东西,如人、财、物、时间、空间、组织、社团、信息、思想、事件等。其中最基本的要素是人、财、物三个方面,其他方面都是由这三方面生发出来的,或是这三方面存在的形式或属性。在人、财、物三方面中,人又是最具有能动作用的因素,是学校管理的直接对象。管理客体接受管理主体的影响,学校工作的效能是管理客体在管理主体作用之下能量转换的结果。

此外,管理目标是指管理活动预期要达到的结果,是管理系统在一定时期追求的某种境界,与管理目的有密切联系,有时也称为管理目的。在一般意义上而言,目的和目标有共同之处,都是反映管理要达到的地步,但具体而言,尤其是两者相对而言,目的通常表示人的长远追求或追求的最终境界,目标则是指在达到目的的过程中某一阶段的具体追求。管理目标对管理系统的活动有明显的导向作用,管理目标的确立,意味着管理者和被管理者行为方向的确立。

与此同时,学校管理的方法是指管理主体为达到一定的管理目标而采用的手段、技术、措施、途径的总称,是管理主体对管理客体有目的地施加影响的媒体,是管理者实现管理职能,取得管理成果的工具。管理方法是人们长期管理活动实践的结晶,并在管理实践中不断得到发展和完善。由于人类的长期探索,管理方法已经形成了一个具有多层次、多类型、多序列的体系。人类管理活动的一般性和特殊性,决定了管理方法既有一般方法,也有特殊方法。一般方法指不同领域都可以通用的方法;特殊方法即某一领域或某一领域不同层次特有的方法。从历史发展的角度,可以把管理方法分为传统管理方法和现代管理方法。教育方法、行政方法、法律方法、经济方法等,属于传统管理方法;目标管理方法、系统管理方法、信息管理方法、以电子计算机等现代技术手段进行管理的方法即属于现代管理方法。

三、学校管理学的研究对象

任何科学都是根据一定的理论原理整理出来的知识总和。作为一门学科必须有自己的知识体系。无系统性的、零散知识的汇集还不能称为科学,只有当有目的地搜集事实和描述事实达到能把相容的知识联合成一个统一的、系统的基本原理和规律,实现知识规范化的目标,才可以称之为科学。科学作为一种知识,它与生活知识、经验知识不同,生活知识、经验知识只是对事物的正确反映和描述。科学知识不仅要正确反映和描述事实,而且要解释事实。因此,科学知识的特征又在于概括事实,找出带有科学性的认识,并对客观世界作出预见。作为教育科学和管理科学的门类之一的学校管理学,应当有自己的知识体系。它应是以教育学和管理学的科学知识作为基础,但又不是它们的重复和相加的知识体系。

在学校管理与教育研究领域,一些学者认为,学校管理学主要研究的应当是教育行政机关、教学研究机关以及校长与教导主任等行政与组织方面的活动的各项问题。因此,其研究范围就包括学校制度、学校事业的管理、普及义务教育的组织、学校预算、学校内部领导等。

也有人认为,学校管理学研究的主要是学校管理的原则、制度和方法,揭示领导学校、管理学校的规律,其范围包括学校内部工作的各个方面。

此外,还有人认为,学校管理学研究的主要是学校内部的管理。其范围包括对教育活动的管理,对物资设备的管理,对教师、学生的管理,等等。

总的来说,学校管理学是研究学校管理的规律性的一门科学。它包括学校教育教学活动的合理组织、学校内部有关部门的协调、学校的领导体制和规章制度等方面的工作的规律性。它应该回答管理学校的指导思想、管理目标、管理原则、管理过程、管理制度和管理方法等一系列问题。

学校管理学包括各级各类学校管理工作的知识和行动规律。学校管理学与一般管理科学既有联系又有区别。管理学研究的是一般的管理原理和原则,而学校管理学则把管理学所阐明的管理规律、管理知识结合到学校管理工作的实际,阐明学校管理的原则和方法。

探究学校管理过程

学校的管理过程是学校管理者根据教育原理及管理规律,组织和指挥学校内部成员,为达到学校预定的总体目标(教育目标和管理目标),

进行共同活动的过程。学校管理的实践证明,只有通过科学的学校管理过程,才能逐步实现学校的总体目标。

有效的活动一定是在管理过程中进行的,但管理过程并不必然会使活动变得有效。一方面管理过程本身要消耗大量资源,另一方面活动的有效性受制于人对管理过程的认识。认识了学校管理过程的特点,就向管理规律接近了一步,管理资源的运用、管理职能的发挥、管理结果的产生就会变得更加有效。反之,管理过程不仅徒耗资源,还会产生负面效果。

一、管理过程具有的一般特性

首先,学校管理过程是一种有程序、可控制的教育活动过程,即学校管理过程具有一定的可控性和动态性。

学校管理过程是一种活动过程,学校全体成员都是在活动过程中发挥作用,把学校资源转化为能量,并形成成果的。学校是育人的场所,因而必须坚持管理育人、教书育人和服务育人,并贯穿于教学、教育和管理活动的全过程。师生的活动过程,能量的转化过程,成果的形成过程,无一不是动态变化的。一旦出现静态,就意味着学校管理运行的终止,就意味着学校管理生命的结束。但是,并不是说只要学校管理处于活动状态,管理过程就是有效的。实质上,学校管理过程就是一种对育人工作进行管理的过程,有着明显的教育性。学校管理活动尽管其目标有大小,时间有长短,但总是连续的、有步骤的共同活动,围绕一定的目标,按照其活动过程——计划、执行、检查、总结这一程序进行的。学校管理过程,一要受目标的制约;二要受工作程序的制约。因此,在整个管理过程中如若发觉产生各种偏离,管理者就需及时进行调整,采取有效的控制措施,以期实现预定的目标。

管理过程的动态性特点,要求学校管理者正确认识学校管理过程的规律,并具有驾驭学校管理过程的能力;要求管理者在管理活动中注意把握管理对象运动、变化的情况,及时调节各种关系,使管理活动沿着预定的目标前进;要求管理者注意管理的弹性与刚性相结合,事事要有多手准备,留有余地,实施动态管理。

可控性特点要求学校管理者具有系统控制的观点,整体把握全局,把握学校管理全过程;管理者对管理过程的失控,总是从信息不灵和信息失真开始的,要求学校管理者注意信息的反馈;高清晰度的目标不仅有利于管理者自身对管理活动的评判,更有利于学校成员的自我控制,要求学校管理者注意目标的清晰度;要求学校管理者注意控制方法,大权独揽,小权分散,明确目标所允许的最大偏离度,保证管而不死,放而不乱。

其次,学校管理过程是一种有序的、可变的目标管理过程,即学校管理具有有序性和可变性。

学校管理有序性的根本原因在于学生身心发展的有序性,在于知识结构的有序性。

管理过程的可变性不是要改变管理过程的有序性,而是针对固定的管理模式而言的。学校目标管理的四个环节的有序性是一种最基本的管理模式,在实际应用当中,由于各方面的工作性质不同,要求不同,可以形成多种变式。同一种工作,在相同的要求之下,也可以有多种变式。

此外,学校管理过程是一种有计划的、持续开展的周期性管理工作,即学校管理具有周期性与连续性。

学校管理过程的周期性,是指学校管理过程是由不同环节构成的整体,这一整体及其环节总是按序重复出现,形成一个又一个的周期。每一个周期都要完成一定的任务,实现一定的目标。学校管理过程的周期性是由学校工作的周期性决定的。周期性意味着管理的节奏性,一个周期就是一次管理律动,周期性的破坏就可能导致学校管理工作的杂乱无章。

同时,科学的管理要求管理过程必须具有连续性,连续是管理过程的理想状态。学校管理过程是无数个管理周期的连接,这种连接不是自然的连接,也不应是人为的连接。从表面看,是学校管理者计划安排和控制的结果,但真正的连续性应是学校管理者对管理规律的顺应。连续性便要求管理者特别注意管理目标的正确性。管理过程一头连着它的出发点，一头连着未来的目标，目标正确与否，决定管理过程中每一个活动的价值。连续性要求管理者要有长远的目标，长计划，短安排，持之以恒，避免短期行为。

二、学校管理过程的基本环节

学校管理的核心是学校目标管理。目标管理活动的一般系列是：目标制定、目标实施、目标检验、目标评价等，如同一般的常规管理一样，都是由计划、执行、检查、处理四个环节构成的。并且，这四个环节的活动具有一定的顺序：首先是计划，没有计划，管理行动是盲目的。其次是执行，即把计划付诸实施。没有执行，再好的计划都不过是纸上谈兵。然后是检查，检查是为了掌握执行情况，没有检查就不能发现问题，积累经验。最后是处理，即处理检查中发现的问题。没有处理，检查就没有意义，下一周期工作的开展，就会受到上一周期问题的困扰。

1.计划环节

计划是学校管理者对未来的一种有目标、有条理的设想，是管理的基本活动，属于管理工作的起始环节。

学校管理由计划开端，进而对学校管理活动实行有效控制。所以，计划是管理工作科学化的重要标志，没有计划的管理，就不可能实现科学的管理。

计划环节在管理过程中具有三大作用：第一，保证行动的方向。在组织活动中，需要有明确的方向，才能保证组织成员心往一处想，劲儿往一处使。计划目标不明，组织成员的行动就会失去方向。盲目的行为是无法形成工作凝聚力的。计划不仅有明确的目标，而且对实现目标有明确的安排，只要对目标有有条理的计划，就能保证行动的方向。第二，统一步调。计划就是学校机器的运行控制图，按图操作可以保证学校工作的正常运行。第三，减少能耗，提高资源的利用率。学校开展任何工作都需要消耗一定的资源,减少能耗,提高资源的利用率,是提高管理效率的重要方式之一。合理的计划可以保证以最小代价换取最高的效率。

2.执行环节

执行是将计划付诸实施,把设想变为现实的环节。在管理过程中,执行环节占时最长,工作内容最复杂,是四环节中最重要的一环。

执行,是学校管理过程的重要阶段,也是达成学校目标的基本手段,学校管理者应花极大的精力抓好计划的执行工作。执行环节之所以重要,是因为:第一,从管理的全过程来看,执行是计划的后继阶段,它将计划变成行动,使设想成为现实。没有严格的执行即使再好的计划也是一纸空文。同时,它又是检查、总结阶段的先导环节,是检查和总结的依据,因而它也是管理过程中占时最长的阶段。第二,从实施的要求来说,在这个阶段中可以充分反映执行者和执行机构的状况,各级执行者应在各自岗位上充分发挥自身的积极性和创造性,与此同时,各级组织也应充分发挥职能部门的积极作用。在计划执行的过程中,将会产生各种矛盾,管理者应及时给予指导,协助调整。

3.检查环节

检查是衡量工作现状或结果与工作标准之间是否存在差异的活动,是工作执行中和执行后不可或缺的环节。没有检查就无法掌握工作的进度和效果,就无法了解问题和原因,也就无法总结经验和教训。

检查是计划执行的一种保证措施。其意义在于:使学校管理者能够全面了解一定阶段计划执行的情况,作为调整全局部署,指导今后工作的依据;同时它既是对各项工作及其工作人员的监督和考核,又是对领导者管理水平的一种测定。因此,检查是执行阶段的必然发展,也是总结阶段工作的前提和依据,是学校管理全过程的中继环节。

检查的形式多种多样,但是检查环节的管理活动基本相同。一是搜集信息,无论哪种形式的检查,都比较注重现场搜集信息,获得第一手资料。二是指导,检查环节的指导与执行环节的指导不完全相同,它比较注重对已出现的问题的纠正指导。三是评价,即对工作过程、工作结果,教职工的工作能力、工作态度、工作方法作出大致的评估。四是总结,即根据检查的结果与预期的目标对照,发现问题,分析原因,寻求对策,总结经验,深化认识,探索规律。

4.处理环节

学校管理过程中的处理环节又可看作学校管理过程的总结环节。处理环节主要针对检查环节发现的问题及其原因进行分析及对策研究,采取具体行动纠正偏误,消除隐患,弥补损失。重点是解决问题,保证本周期的工作按质按量完成,保证本周期出现的问题不至于影响下一周期的工作。

与此同时,在处理环节中还要进行管理工作的总结。总结是检查的继续,它起着承上启下的的作用,既标志着管理活动一个周期的完成,又预示着下一段活动的周期即将开始。总结的重要意义在于:它既要用科学的方法,对原有的管理过程及其工作效果,进行实事求是的质的评议和量的估价,寻找经验教训,又要为下一周期的工作提供依据和指出方向,因而它是促使学校管理科学化的基本途径。

学校管理的目标

目标管理的理论和方法在 20 世纪 80 年代逐渐被引入中国,不仅引入到了企业管理领域、行政管理领域、军事管理领域,也被引入了教育管理领域。

管理工作是一种有计划、有组织的活动。学校管理更是为了实现一定的培养目标的活动,因此,学校管理工作不能没有明确的目标,学校管理的正确与否、成效如何与管理目标是否明确与合理有重大关系。

一、学校管理目标的作用

学校管理的目标是一所学校管理工作所要求达到的基本要求。学校管理的目标反映了管理人员的办学指导思想和对学校人、财、物、事等各项工作的管理质量的要求。它也是衡量学校管理工作的质量标准。

首先,学校管理目标具有标准作用。

所谓目标的标准作用,指的是评价工作成效的一个衡量尺度。学校目标标准首先是一个总体标准,在这个总体标准下再规定各项具体的目标标准。我们所说的学校质量,首先是指它的全面质量。学校质量的高低体现在学生的质量上,即全体学生的德智体等方面的质量,要实现全体学生的全面质量,就要对各项教育的内容、各种工作质量有一个要求,作为提高质量的目标,这种目标也就成为检查质量的一种尺度,即质量标准。所以说,目标也具有标准的作用。

学校管理是以制定学校工作目标为开端的,它使学校组织及其成员都有一个明确的方向,进而又以目标来维系和协调学校组织中各个部门和各个成员,使它们组成一个整体,并且推动大家为实现学校目标而互相协作、互相监督,并进行各自的工作活动,最后又以目标作为评价工作成效的大小、衡量教育质量高低的一个主要标准尺度。

其次,学校管理目标具有指引作用。从管理工作的过程看,目标具有指引行动方向的作用,它是实现管理职能所树立的方向标。学校的一切工作最终都是为了实现一定的目标,明确的、共同的目标是动员和组织学校中各个成员、各个部门同心同德地进行工作的行动方向。事实证明,任何学校的各项工作都是按一定的目标方向运转的,目标不明或目标错误,学校工作就会失去正确方向,偏离正确轨道。

此外,学校管理目标对学校管理工作具有推动作用。一方面,对学校管理者自身来说,目标具有提高自觉性的作用。学校管理活动是很复杂的一项活动,学校系统内有各种组织、各种部门,它们之间既有上下级的关系又有互助协作的关系,它们的工作任务和内容既有统一要求,互相联系,又有各自的特点。因此,学校的领导管理人员要高效地进行管理工作,不仅应当明确自身的工作目标,而且应明确上下层次和左右部门的工作目标,不明自身工作目标的管理者,是一名盲目的管理者;只明确自身工作目标而不明确其他层次和部门目标的管理者,往往也只能是一种机械地执行任务的被动者。明确目标和目标系统的学校管理者,才能提高管理工作的自觉性,推动自己去争取管理工作的最佳效果。另一方面,对于学校组织的所有成员来说,一个明确而又具体,切实而符合需要的目标,可以起到鼓舞人心、激励精神的作用;同时,也可以激发人的动力,起到吸引和推动他们为实现目标而努力工作与进行活动的作用。

二、学校管理目标的制定要求

首先,目标的制定要符合科学性要求。学校管理目标的科学性是指要根据科学理论,运用科学方法,按照客观规律来制定。

学校管理目标的提出要有科学依据,要使目标规定的概念、时间、条件和数量有清晰的界线,也就是要明确概念的内容、时间与条件、数量与质量的要求。同时,要运用科学的方法来制定学校的管理目标,既要进行大量的调查研究,掌握真实情况,又用辩证唯物主义观点来分析情况,广泛征询师生员工意见,实事求是地提出标准和目标。

其次,目标的制定要符合具体性要求。实践证明,明确的管理目标是与学校管理工作的有效性成正比的,制定的管理目标越明确、越具体就越好。这不仅对各个部门、各个成员的工作提出了明确、具体的要求,便于激励他们去努力实现目标,而且在最后评价目标实现绩效时,也有了具体的衡量尺度,实施奖惩也有了令人信服的依据。

目标管理是一种趋向定量化的管理方法。但是,由于教育现象是由众多复杂因素构成的,它需要创造性的精神劳动,不少教育现象只能用描述方法表示。而有许多目标则可直接定量化,一些目标内容只能用定性的方法描述,在定性描述基础上定量化,即二次量化。

此外,目标的制定要符合系统性要求。学校管理目标的系统性,是指它能否反映学校系统和社会系统中各子系统的动态平衡,以及学校系统内部各因素构成的最优化结构。所以,制定学校管理目标就应根据系统论的观点去进行系统分析和系统设计。

第一步,进行全面的系统分析。由于学校系统隶属于社会系统,社会的政治、经济、意识形态的变化发展都必然影响学校系统的工作和要求。所以,学校管理者必须研究社会的现状对学校教育所提出的新要求,使学校管理工作能够促进学校教育为社会主义建设培养人才服务的要求。制定学校管理目标还要对学校内部进行系统分析,从领导班子、教师队伍、教育教学质量、物资设备、学生情况等各个方面进行分析,找出他们之间的相互关系和影响,抓住主要矛盾。

第二步,开展详细的系统设计。系统设计就是要在系统分析的基础上,设计出总体管理目标和各部门、各方面的管理目标,形成管理目标的系统化。学校工作是多部门、多层次的。因此,学校管理目标在学校的整体管理目标下也必须有明确的部门目标、个人执行目标,这样才能使学校管理目标层次化。

三、学校管理目标的内容

首先,学校管理目标的实现以教育方针的贯彻实行为基础,学校管理的最终目标是全面贯彻教育方针,培养全面发展的新人。因此,学校领导和教师要懂得科学教育,对全面发展的方针要有较深刻的认识,并能落实于行动,使全体学生在德、智、体、美、劳等多个方面真正得到健康的、良好的发展。要使中小学生在学习阶段就为日后的学习、研究和工作打下必要的知识、能力和方法的基础,鼓励学生树立起成才的志向和信心,将来为国家的物质文明和精神文明建设作出贡献,这才是办学的正确方向,不应该把片面追求升学率作为主攻目标。要采取切实有效的措施提高学生的全面素质,使学生确定正确的理想和具有良好的道德品质;使学生各科学习达到课时目标的要求,学得扎实、灵活;同时,学生的身心健康状况良好,体质不断增强;有良好的劳动习惯和一定的劳动技能,在学生毕业后升入高一级学校或者就业等方面都有较好的表现。

其次,学校管理目标的实现依靠一支高水准的教师队伍。一所学校办得好不好,关键在于有没有形成一支德才兼备、足以为人师表的教师队伍。所以,建设一支好的教师队伍,应该是学校管理目标的重要内容。师资队伍建设要符合中央提出的三条要求:第一,要有较渊博的知识;第二,要认真研究掌握教育科学,懂得教育规律;第三,要有高尚的道德品质和崇高的精神境界。凡是办得好的学校,都非常重视建设一支人心齐、干劲儿足、有水平、有事业心的教师队伍。在教师队伍建设中,各校要有自己具体的管理目标要求。

再次,学校管理目标的实现需要建立一个富有战斗力的学校管理系统。这既是实现学校教育目标,加强学校管理的重要条件和保证,也是学校管理的一个目标。只有建立了富有战斗力的学校管理系统才能指挥学校各个部门及其成员按照各自管理职能的特性形成自身的执行目标,有效地进行各项工作和活动。

与此同时,学校管理目标的实现要以良好的校风为保证。校风,是学校精神文明建设的重要标志。一所成功的学校必须把培养自己的办学传统、逐步形成有自己特色的良好校风作为重要的管理目标。校风是由领导作风、教风和学风构成的,应当在整体上建设好。

良好的领导作风的主要要求是:学校领导要坚定执行党的路线、贯彻党的教育方针;努力钻研业务、亲临教学教育工作第一线,带头搞好教育工作;按教育规律办事,坚持从实际出发,理论联系实际;关心教职工及学生的思想、学习、工作和生活。

良好的教风的主要要求是:对学生全面负责,教书育人;形成钻研教材的良好风气;形成互相听课、互相学习的良好风气;形成深入了解学生实际的风气;形成不断改革教学法的风气。

良好的学风的主要要求是:有明确的、端正的学习目的,有刻苦认真的学习态度,有科学的学习方法;要求学生认真听好每一堂课,集中听讲、积极思考;要求学生扎扎实实学好基础知识,进行基本训练,做好每一道题,做好每一个实验;要求学生充分利用学习时间,提高学习效率,科学安排学习活动;要求学生在学习面前不回避困难,掌握各科的学习规律并努力培养进行创造性学习的精神和能力。总之,要求做到:认真、踏实、勤奋、刻苦、创新。

学校领导体制的研究

体制是一种组织内部的机构设置、职责权限和领导关系、管理方式的结构关系。体制有不同层次,是一种系统结构。

学校管理体制,是指学校系统的管理权限、职责、隶属关系、机构设置和组织制度等多方综合的结构体系。

一、学校领导体制的作用及意义

一切管理工作都是在一定的管理制度下进行的,学校的领导制度,是管理与领导学校的根本制度。一个完整的管理制度总是可以根据需要划分为若干不同的组成部分或层次,其中必然有一个居于统帅地位的部分,这个居于统帅地位的组成部分,就是通常说的领导体制。

学校领导体制的实质,是一个学校的行政管理工作究竟由谁来领导和负责的问题。因此,它直接支配着学校的全部管理工作。只有领导体制恰当,管理人员才能充分发挥他们的积极性,管理工作才能有条不紊和高效率地进行,才能强有力地推动各项工作前进。领导体制不当,管理人员的积极性就会受到压抑和束缚,管理工作就会产生各种问题,软弱涣散和低效率状态就会出现,各项工作就会因此而受影响。建国以来,我国中小学实行过多种领导管理体制。实践证明,领导管理体制不同,主要管理人员的职责范围也不尽相同,工作效率也大不一样。所以,在中小学建立一个恰当的领导管理体制,是一个很重要的问题。

二、校长负责制的实行

校长负责制是由校长对学校教育教学和行政管理全面负责、学校党组织保证监督、教职工民主管理的完整的领导体制，是一个含有多个要素的综合结构概念。

1.实行校长负责制的条件

首先，建立科学的校长遴选制度，把好校长素质关。一名好校长就是一所好学校的标志。学校实行校长负责制以后，学校方方面面的工作由校长一人负责领导，成功与否关键就看校长的素质。只要校长素质高，学校环境再差，照样可以把学校办出一定水平；反之，办学条件再好也无济于事。所以，建立一套科学的校长遴选制度，把好校长素质关，就显得特别重要。校长遴选制度要明确规定校长的资格条件与素质要求，遴选方式与程序做到规范化、公开化、民主化。校长负责制既是一种领导管理制度，也是对校长个人素养的一种要求。要充分发挥校长负责制的领导体制的优越性，就必须挑选和培养一名合适的校长。

领导者要实施领导，就要具有一种权力。权力的结构主要包括两个方面。一是"法定权"，即组织制度所赋予领导者的权力；二是"影响权"，主要是指领导者个人的素养。其中包括领导者个人的专门知识、特殊技能和思想品质、作风。一个懂得教育规律、熟悉业务、具有管理才能、思想品质作风好的校长会受到师生的尊重和爱戴，就是与他具有高水平的"影响权"分不开的。如果实行校长负责制而不注意校长人选，校长的素养不高，没有办好学校的责任感、事业心、知识和能力，其结果仍然无助于学校管理效能和效率的提高，达不到改革领导体制的目的。所以，实行校长负责制必须选择一个好的校长。

其次，要在调查研究试行单位经验的基础上，根据校长负责制的基本精神，拟订实施条例。从实际出发，具体规定学校行政、党组织和教职工代表大会的职责和相互关系，使各方面行动有所依循。当然，这样的实施条例需要在实践中不断完善,但有一个一定范围的条例,对于形成统一的工作规范,使校长负责制有法可依,无疑是必要的。

与此同时,教育行政部门应"放权松绑",为学校管理创造宽松的环境。在过去的计划经济条件下,学校的一切都被纳入"计划"之列,教育行政部门把学校牢牢控制在自己的手中,学校成了教育行政部门的下级单位,附属单位。人们相沿成习,把教育行政部门称为学校的上级部门。学校没有管理自主权,从校长的任命、教师的进出、科研教改,甚至日常的教学常规、管理常规,都得听命于教育行政部门。校长任职没有稳定的任期,走马灯似的在各校之间调动。这是过去校长负责制实施不能到位的一个重要原因。校长负责制从本质上看,是一种校内行政决策制度,其有效实施的前提是校长必须拥有相应的校内行政决策权,否则,校长寸步难行。如果说教育行政部门放权松绑,是当务之急,那么为学校管理创造宽松的环境,则是长治久安之计。学校工作有其特殊性,改革要着眼于长远,急功近利往往会留下许多隐患。即使改革的每一步都是正确的,其效果也不一定当即就能体现出来,有时还会出现暂时的停滞或下降,这都是很正常的现象。没有宽松的环境,就不可能有真正的改革,校长负责制的推行只能停留在表面。

此外,要有学校管理监督的民主化与之相配合。按照现代管理科学的组织原理,完善的领导管理机构必须包括决策指挥机构、咨询监督机构和执行机构。实行学校管理的科学化,必须以管理的民主化为基础。民主管理是社会主义管理的一条重要原则。虽然校长对学校的管理有最后的决策权,但是,一个人的知识、智慧、才能毕竟是有限的,特别是在社会主义市场经济的条件下,学校要适应当前形势,要根据"三个面向"的要求进行改革,其决策的复杂性和责任大大提高了,单靠学校校长个人是不能及时地解决办学中的所有问题的。

2.实行校长负责制的意义

首先,校长负责制的实行有利于加强民主管理,调动广大教职工参与学校管理的积极性。实行校长负责制,首先要建立教职工代表大会的制度。教职工代表大会对学校的办学方向、教育改革和工作计划、规章制度等方面的重大问题,有审议权和建议权;对教职工生活福利方面的重大问题,有审议权和决定权;对领导干部有评议、监督权和奖惩、任免建议权。落实这些权利,就能集思广益,监督校长,增强领导行为的有效性,保证校长决策的科学性;从而维护教职工的合法权益,充分发挥教职工的智慧和才能。

民主管理的另一重要形式是建立在校长领导下的校务委员会制度。针对涉及方针政策的、长远规划的、立法的、协作性的、学术性的问题,通过校务委员会的审议,能为校长决策提供更多的现实依据。

其次,校长负责制的实行有利于发挥校长的作用,充分调动行政系统的积极性,提高管理工作的效率。实行校长负责制有利于使校长和行政部门行使自己的职权,充分发挥行政人员的积极性。在"学校的一切重大问题必须经过党支部讨论决定"的体制下,往往造成党政不分,责任不明,权责分离的现象。党支部对行政工作有决定权但却没有明确的责任,校长承担责任又没有决策权。这种"有权无责"、"有责无权"的现象是不能充分发挥校长的作用的。实行校长负责制,校长有职、有权、有责,有利于建立起一个独立畅通、强有力的行政指挥系统,有利于统一指挥和调动各方面积极性,使学校管理工作高效化。

实行校长负责制,有利于克服过去学校领导体制中校长和党组织职责混淆多头领导的弊病,排除或减少领导班子中的内耗;有利于校长根据行政管理工作的需要合理安排教职工的工作,建立分层负责的岗位责任制,加强教职工队伍的建设,实现有效的领导。

实行校长负责制,校长在党和国家的路线方针、政策指导下,可以根据学校的具体情况,和自己的办学思想,带领学校师生员工排除干扰,积极探索,提高教育质量,使学校在达到国家统一要求的基础上办出特色。

此外,校长负责制的实行有利于加强和改善党对学校工作的领导。

实行校长负责制,学校党支部从日常行政事务中摆脱出来,可以集中力量加强党的建设,提高党员的素质,更好地发挥党员的先锋模范带头作用和党支部的战斗堡垒作用,从而提高党在群众中的威信。

要加强和改善党的领导,必须明确党的政治领导和行政领导的区别,党是政治组织,党的领导主要是政治领导,是对各项事业或业务工作从路线、方针、政策和重大原则上实行的领导。它不能代替日常的行政管理工作,不能代替各种具体业务的领导。而各种业务性工作必须按照它们的特点建立自己的行政领导体制和具体的管理制度才能提高工作效率。所以,在一个具体单位,领导体制上必须党政分开,各有不同的职责范围。而实行校长负责制以后,学校工作由校长负责领导,学校党支部起保证监督作用。这样党支部就可以从大量的行政事务中摆脱出来,集中精力做好党的工作。

学校管理的基本原则

原则是人们对客观规律主观认识的反映,是观察问题、处理问题的准绳。管理原则是在特定情况下管理工作有效进行的行为指导。学校管理原则来整个学校管理系统的结构和运转的基础,是学校中管人、理财、用物、处事的依据,是进行学校管理的基本要求。它是办学指导思想的反映,也是学校管理实践经验的概括。

一、学校管理原则的相关概念

1.管理原则

所谓原则,是指观察问题、处理问题的准则。学校管理原则,是在学校管理的长期实践中概括出来的,是学校领导者在办学过程中所必须遵循的行动准则。

学校管理的理论和实践证明,在学校管理工作中,无论是目标管理、过程管理、全面质量管理,还是教师管理、教学管理、德育管理、体育卫生管理、总务后勤管理、美育管理、劳动技术管理、课外活动管理和学校教育科研管理,都离不开正确的学校管理原则的指导。

2.管理原理

什么是管理原理?根据《教育管理词典》的解释,管理原理是:"管理系统及其运动中存在的、不依人们意志为转移的客观规律。管理原理不能制定和制造,不能随意改变和废除,人们只能发现它,揭示它,认识它,运用它。因此,它有别于根据原理而制定的作为行为准则的原则。"这一解释明确告诉我们,管理原理是一个与管理规律等量齐观的概念,学校管理原则是根据管理原理提出来的,是管理原理的具体运用,是管理规律的反映。

所谓原理,是指某一科学领域中具有普遍意义的根本规律。科学的原理以大量实践为基础,所以由实践所检验与确定其正确性。从科学的原理出发,可以推演出各种具体的定理、命题、原则等。现代科学管理的原理,是在对管理工作的对象、本质、过程、目的等进行系统的科学分析之后,从中得到的带有规律性的基本道理,它在管理领域中具有普遍的指导意义。掌握了管理原理,就能触类旁通、结合实际,创造出各种适合实际情况的高效的管理方法。

3.管理观念

管理观念也叫管理观或管理理念,通俗地说,是指人们如何看待管理,如何认识管理,实际上就是人们的管理思想。管理者持有某种管理观念或管理思想,往往就用它来指导自己的管理,所以也有人把它当成管理指导思想。人的行为总是受思想支配的,没有正确的管理观念或思想,就不可能有正确的管理行为。但是管理观念或管理思想往往比较空泛,行为则是复杂而具体的,管理观念要有效地发挥作用就必须概括化,这种概括化的观念就是管理原则。由此可见,管理原则受管理观念的直接影响,有什么样的管理观念就有什么样的管理原则。要形成正确的管理原则,首先要形成正确的管理观念。

4.管理理论

管理理论是人们通过某种形式表达出来的系统化的管理观点和主张。它反映了人们对管理规律的认识,它的目的是要阐明管理规律。管理原则和管理理论都是对管理活动理性思考的结果,管理原则是管理理论的一种特殊表现形式,是管理理论的重要组成部分。管理实践需要管理理论的指导,这种指导既包括向人们阐明"为什么"的说理式指导,也包括告诉人们"应该怎样"的应用式指导,管理原则主要属于后者。"应该怎样"必须建立在"为什么"的基础之上,只有充分阐明了"为什么","应该怎样"才能更稳地立足,才更有指导意义。

二、学校管理原则的特性

1.多样性

学校管理原则的多样性主要有两个方面的含义,其一是指学校系统是一个立体结构,具有多维性,每一个方面的工作都不同于另一方面的工作,因而每一方面都需要有相应的行为准则来指导,所以管理原则决不是只有一个。其二是指同一种工作的管理原则可能有多种,甚至可能都是有效的。虽然管理规律只有一个,但是反映管理规律的具体原则可以有多个,只要它行之有效,就应允许它存在。

2.系统性

学校管理原则的系统性是相对于多样性的横向角度,从整体上来说明学校管理原则的特性的。学校有不同方面和不同层次的管理,就有不同的管理原则,各种管理原则之间相互联系,形成学校管理原则的体系,覆盖学校管理的方方面面,既不能留下空白,也不能互相冲突。

3.层次性

学校工作有不同层次,决定了指导学校管理的原则具有层次性。按照系统论的观点,学校是一个完整的系统,系统具有层次性。从工作的时间跨度看,有长期、中期、近期之分,从工作的范围方面看,有宏观、中观、微观之别。每一个层面各具特性,要保证管理的有效性,还要求管理原则必须具有针对性。

4.主观性

主观性是指学校管理原则是学校管理实践经验的抽象化,是学校管理规律的主观反映。管理活动是客观的,管理规律也是客观存在的,但是管理原则不是管理实践本身,更不等于管理规律。因为管理原则是对实践和规律认识的结果。认识有深有浅,有对有错,原则难免也会有科学的和不科学的。实践是无止境的,对规律的认识永远也不可能穷尽,只能逐步接近和深化。所以,不是所有来自管理实践或来自管理理论的原则都一定正确。管理原则是否合乎管理规律,必须接受实践的检验。

三、学校管理原则的现实意义

在学校管理工作中,管理原则起着指导管理行为的作用。一个学校的领导管理人员在实际管理工作中,都自觉不自觉地按一定原则去观察和处理学校中的各种问题。如果用正确的管理原则去处理问题,就有可能提高管理工作的成效,否则,就会影响学校管理的效能。

比如有的校长在管理学校时,把应付日常的行政事务放在第一位,整天忙忙碌碌;有的把"创收"放在第一位;有的把加强思想领导、端正办学方向、提高教育质量放在第一位。这些不同做法就反映了校长管理学校的指导思想,即管理原则。在实际工作中我们也会发现不少学校的校长主观上都很想把学校工作搞好,但总是成效不大。其中吃力不讨好者有之;好心办错事者有之;欲速不达者有之。究其原因,固然有领导艺术问题,也有客观条件问题,但与他奉行的管理原则也有很大的关系。

事实表明无论是学校管理目标的决定、管理过程的运行、管理体制的建立,还是管理方法、途径的选择和运用,都与他所奉行的管理原则有很大关系。学校管理工作只有在正确的原则指导下才能进行有效的管理,不断提高管理质量,实现学校管理目标。

原则是重要的,但原则的运用又是灵活的,问题的关键是要懂得使用它。正如管理学家法约尔所说:"原则就像灯塔的光芒一样,只是指引那些认识自己的目的地而行进的人。一项原则若没有实现的具体办法就没有一点作用"。

校长的自我管理

学校教育目标的实现,要由校长通过计划、组织、指挥、协调、控制等活动去达到。作为处于中小学领导地位的校长,首先要拥有履行职务的法定权力,这种权力来自组织机构正式授予他的法定地位。在学校内部,校长拥有最高的指挥权力,这是他履行校长职务所需要的,称为职权;其次,校长作为领导者,就要有校长的责任,责任是职务所要求的。因此,校长能否进行严格的自我管理,是学校管理目标能否顺利实现的重要保证。

一、校长的素质修养

1.政治思想素养

首先,校长作为学校管理人员,要具有坚定正确的政治方向和较高的政治理论、政治水平。这是因为,我们的学校是社会主义性质的学校,要使学校工作具有正确的政治方向,校长就要具有一定的马克思主义理论修养,能努力运用马克思主义的观点和方法指导学校工作;只有具有较高的政治思想水平,才能正确分析处理学校工作中的各种关系,解决工作中的问题。

其次,政治思想素养是校长必须具备的最根本的素养。我们的社会制度和奋斗目标,我们的教育方针和所需要的合格人才,都要求校长具有良好的政治素养。只有这样,校长才能坚定贯彻执行党的方针政策,带领师生坚持社会主义的办学方向不断前进。

此外,要有高尚的共产主义道德品质与崇高的精神境界。这不仅是校长个人修养所必需的,也是其作为师生的表率所必需的。因此,应该努力做到:大公无私、先人后己;一切从事业出发,不谋私利,不搞特殊,把群众利益放在首位;豁达大度、胸怀坦荡,对同志满腔热忱,赤诚相待,不计较个人恩怨,不因触犯自己而耿耿于怀,不文过饰非,隐瞒自己的缺点;谦虚谨慎,不骄不躁,平易近人,虚心听取群众意见,不断进取,永不满足现状;不主观臆断,凡事三思而行;严于律己,宽以待人,品行端正,作风正派,言行规范,举止大方,仪表整洁,态度和蔼,对人尊重,力戒轻浮粗野。

2.业务素养

校长的业务素养,应当由这样三个部分构成:(1)校长的文化程度和专门学科知识;(2)校长的教育理论水平;(3)校长的实际管理才能。校长完善的业务素养,这三者是缺一不可的。

在文化程度上,一般要有本科毕业学历,要有较广博的文化科学知识。这个广博,不只在某个学科范围内,而是对各门学科,都能有所了解,还要系统地教过、研究过一两门课程,如果没有上过课,又不熟悉任何一门课程的教学,要当好校长是很困难的。在教育理论方面,学习过教育学、心理学、管理学,懂得教育规律,并有开展教育科研的实际经验和能力;在实际管理能力方面,要有较强的组织能力,有分析问题以及解决问题的能力,知人善任、调动广大师生积极性的能力等。

与此同时,校长应具备的业务素养要包括良好的计划决策以及组织指挥能力。

计划决策能力是指提出计划、方案、方法等方面的能力。决策才能是现代领导管理人员必备的条件。决策才能是指在复杂的条件下,从许多个为达到同一目标而可以更换代替的行动方案中选定最优方案的才能。决策才能是下述能力的表现:(1)分析能力,善于了解存在问题的症结,能透过现象把握本质,抓住关键;(2)逻辑思考能力,把握因果关系,有预见性;(3)创新能力,能提出新见解、新办法,不墨守成规;(4)直觉的判断能力,在问题无法商讨时,靠直觉判断能力作出决定;(5)决断的勇气,敢想敢干,不怕挫折,不优柔寡断,敢于承担责任。

组织指挥能力主要体现在:(1)审识能力,学校领导者为了充分调动人的积极性,应该对干部、教师及其工作有鉴别评审能力,能做到知人善任,提高工作效能。(2)协调沟通能力,学校计划的实施需要各部门、各系统、各种人员的共同努力,通力合作。(3)科学安排工作、实施工作的能力。

3.道德及身心素养

校长的道德修养应包括:(1)为人师表,廉洁奉公,以身作则;(2)热爱教育事业,为培养人才、办好学校尽心尽力;(3)作风民主,注意团结一切可以团结的人一起工作。

道德素养与政治素养是紧密相联、相辅相成的。校长是"教师的教师",是师生的楷模,应当像陶行知先生那样"捧着一颗心来,不带半根草去",具有崇高的道德风尚和无私的献身精神。

同时,校长还应具备强健的体魄,旺盛的精力;有明确的动机,广泛的兴趣,热烈的情感,坚强的意志,独立的性格;头脑冷静,能自我克制,自信果断,豁达大度,充满活力等。

二、校长的工作作风

1.民主的作风

实行集体领导,调动群众的积极性都离不开民主,民主是发挥群众智慧、密切联系群众的手段,是促使领导正确的有力保证。

民主作风的主要表现是:(1)有参加讨论的雅量。即讨论问题能平心静气,遇到与自己不同的意见,亦能虚心倾听,不要意见不合就发脾气,结成冤家。(2)有服从多数的习惯。讨论的时候尽管知无不言、言无不尽,甚至作热烈的讨论,但一经多数通过,即须服从决议。(3)有集体责任的认识。任何事一经集体领导决定,任何参加者都须共同负责,即所谓集体责任。

民主作风要求领导者有宽容精神。因为一个领导者即使工作很出色,也不可能所有人都满意,都没有意见的。对群众的意见、议论不要斤斤计较。况且通过群众的反映还可以获得更多的信息,做到"兼听则明",知道自己的不足,便于改进。

2.调查研究的作风

调查研究是领导的基本工作方法,毛泽东同志说:"没有调查,就没有发言权",这的确是至理名言。调查研究就是了解与分析情况,探索、寻求规律的过程。它是做好工作,提高工作效率的前提,也是学校领导管理人员由外行变内行的必由之路。没有调查研究就作不出正确的计划决策,也不可能正确地指挥、调度,这就势必会出现瞎指挥的情况,招致损失。

调查研究需要作现场观察,深入班、组和各有关部门。在情况未调查清楚,对问题未作认真研究之前,不要作现场指示。因为如果是小问题,应由有关部门负责人去解决,领导可督促有关部门负责人去解决,但决不应干扰管理的层次;如果是大问题,在没有经过全面的深思熟虑,没有经过领导班子集体讨论研究,个人的现场决定是很不慎重的。

调查研究不要停留在"长官巡视"的一般现场观察。调查必须力求掌握系统的、准确的数据统计。不要满足于听几个人的汇报,而是要真正与被调查者开展议论、评价,以找出解决问题的有效措施来。

3.自我批评的作风

自我批评是党的优良传统和作风。由于客观情况变化复杂,新情况、新问题不断出现,工作失误的可能性增多,这就特别要求领导有自我批评的作风,有勇于承担责任的精神,这样才能使集体领导得以巩固和发展,才能保持与群众的良好关系。没有自我批评的领导者是不可能团结群众的,因而工作也难以取得进展,甚至有可能使整个集体陷于瓦解。

三、校长的职责

所谓校长的职责,是担任校长这一职务的人应负的责任和工作范围。

在实行校长负责制后,校长在学校中的地位和作用有了进一步的提高。但校长的职务带来了什么责任,校长应该做些什么工作,这是需要明确的。只有明确了校长的职责才能正确实行校长负责制,才能为提高校长工作效能打好基础。明确校长的主要职责,既是管理学上的"职、权、责一致"原则所要求的,也是现实工作的迫切需要。

首先,全面贯彻执行党和国家的教育方针、政策法规,自觉抵制各种违反教育方针、政策法规的倾向。坚持社会主义办学方向,努力培养德、智、体、美、劳全面发展的社会主义事业的建设者和接班人。按教育规律办学,不断提高教育质量。

其次,认真执行党的知识分子政策和干部政策,团结、依靠教职员工。组织教师学习政治与钻研业务,使之不断提高政治思想、职业道德、文化业务水平及教育教学能力,注意培养班主任、中青年教师和业务骨干,努力建设高素质的教师队伍。依靠党组织,积极做好教师和职工的思想政治工作,自觉接受党组织的监督。充分发扬民主,重视教职工代表大会在学校管理中的重要作用,注意发挥广大教师和职工工作的主动性、积极性和创造性。

同时,全面主持学校工作,主要包括:领导和组织教育工作;领导和组织教学工作;领导和组织体育卫生、美育、带动教育工作及课外教育活动;领导和组织总务工作;配合党组织,支持和指挥群众组织开展工作。

此外,发挥学校教育的主导作用,努力促进学校教育、家庭教育、社会教育的协调一致、相互配合,形成良好的育人环境。

四、校长职责的履行

1.坚持正确的办学方向

校长的第一条重要职责,是要坚持正确的办学方向。把坚持正确的办学方向规定为校长的主要职责,是我国校长职责的重要特色,它体现了教育性质的必然要求。这一职责包含了全面贯彻教育方针法规,培养全面发展的社会主义事业的建设者和接班人、遵循教育规律、提高教育质量等三方面的内容。作为一个校长必须在上述三方面不断努力并且争取取得好的成就才算尽到了对国家、对人民、对学生的责任。那种办学方向不明、为教育而教育的思想和做法都是错误的。如果校长在上述三方面贯彻不力,应看作是一种失职,应追究一定的责任。

2.建设良好的教师队伍

办好学校,教师队伍建设是一个关键问题。正如邓小平指出的"一个学校能不能为社会主义建设培养合格人才,培养德智体全面发展的、有社会主义觉悟的有文化的劳动者,关键在于教师"。所以,在学校管理工作中,抓好教师队伍这一环,就是抓住了学校管理工作的关键。校长应认识到建设一支高素质的教师队伍的重要性。可是,过去有的校长虽然知道建设教师队伍的重要性,但并没有把它看作是一项法定的、必须履行的职责。所以,校长在管理工作中感到教师队伍不理想时,要么埋怨上级分配来的教师不理想,要么企图运用自己有聘任教师的权力把不理想的教师加以解聘。显然,这些想法和做法都是不恰当的。实践证明,只有通过校长的艰苦努力,认真考察、培训学校教师队伍,才能建设好教师队伍,全面提高教师队伍的整体素质。

3.主持学校的全面工作

学校管理的事业工作主要包括德育工作,教学工作,体育、卫生、美育、劳动教育工作及课外教育活动和总务工作,群众组织工作等等。校长要主持学校的全面工作,是由中小学实行校长负责制的领导体制所决定的,是校长作为学校行政负责人的地位所要求的。

4.创建和谐的校园环境

校长的第四条主要职责的履行,是校长要发挥学校教育的主导作用,创造一个良好的育人环境。学校教育、社会教育、家庭教育在学生的成长发展中都起着重要作用,但它们对学生的教育影响程度各不相同。和谐的校园环境在学生的成长阶段具有重要意义,不仅为学生的学习生活提供了一个良好的场所,还为学生的健康成长提供了有利的环境。

领导班子的建设及管理技巧

学校教育要全面贯彻教育方针,实现教育目标,必须要有一个有战斗力的指挥系统。学校领导班子就是这个指挥系统的司令部。组成领导班子的合理结构本身就是办好学校的一项最现实的管理措施。学校领导班子中每个成员个体结构要优化,由每个个体组成的班子整个结构应合理,同时,要有科学化的管理技巧,这样,学校整体工作才能高效率运转。

一、领导班子的合理构建

1.专业结构

专业结构是指领导班子中,按其专业与职能的不同,形成一个合理的结构比例。例如,在学校领导人员中需要有长于做思想政治工作的,有长于教学管理的,有长于总务后勤工作管理的;领导管理教学工作的人员既要有长于文科的,也要有长于理科、体艺科的。但是,领导要真正成为内行,光有专业技术还不够,还必须有管理科学的知识,懂得按管理学的理论来指导某一方面的管理工作。所以领导班子的成员必须有管理的知识和经验。

2.人员结构

学校领导班子的人员组织结构建设通常有两方面要点:一是领导班子人员的职务配备。我国中小学的领导班子成员一般由正副校长、正副党支部书记、正副教导主任、正副总务主任等人员组成。二是领导班子人员数量。这要由学校规模大小来决定。在完全小学,一般是正副校长各1人,教导主任1~2人,总务主任1人;大型的小学还有党支部书记1人。在中学,大型学校(20个班以上,完全中学)是校长1人,支部书记1人,副校长1~2人,正副教导主任2~3人,正副总务主任1~2人;中型学校(15~

20 个班)校长 1 人,支部书记 1 人,副校长 1 人,正副教导主任 1~2 人,总务主任 1 人;在小型学校(15 个班以下)校长 1 人、支部书记 1 人,正副教导主任 1~2 人,总务主任 1 人。班子成员过多或过少都是不适宜的。

3.年龄结构

年龄结构是指把不同年龄的人最佳地组合起来,即要有合理的老、中、青比例。一般说应以中青年为主,不少于总数的一半;老青兼有,青略多于老。不同年龄的人具有不同的经验、智力和心理状态。年长的同志阅历深,经验丰富,能起到“传、帮、带”的作用;中年干部年富力强,能起到“中流砥柱”的作用;青年干部精力充沛,吸收新知识快,勇于创新,能起到“先锋”作用。这样的年龄结构组合起来可起到扬长避短、优势互补、协调前进的作用。

4.个性气质结构

个性气质结构是指具有不同的性格、气质、风度等类型的人构成的综合体。要使各种良好的素质都集中于一人之身那是不可能的。在学校的领导班子中有人闯劲较大,有人较为稳重;有人感情丰富,较易外露,有人善于思考,偏于内向;有人交往活动能力较强,有人勤于埋头苦干;有人爱好文娱活动,有人喜欢科技创作。这些不同个性气质的人如果组合适当,是可以互补的。如果只强调个性气质的一致,不仅是不可能的,而且效果也不一定理想。要使不同个性气质的人能和谐合作,关键是要加强巩固共同的思想基础。

二、合理运用管理方式

领导管理方式是指体现于全部领导管理行为活动过程中的领导与被领导者的关系。一个学校的校长领导作用,是通过他的全部领导实践活动的实际行为来表现的。只有他的领导行为表现对教导主任、总务主任以及全体教职员工、学生等的行为活动产生积极的影响,才能实现其领导作用。因此,领导管理方式与领导工作效率也有关系。

1.民主型管理

民主型管理的特点是团体的活动及计划由全体成员讨论决定,领导者以客观态度提出意见,评价工作成果,及时给予批评表扬,并以团体一分子的身份参加活动。这种领导方式的好处是提高团体中每个人的工作动力,发挥集体的力量。同时由员工参加讨论重大问题,大家心中有数,工作责任心更强,对领导者的意见也会随之减少。其缺点是事事由群众讨论协商较费时间,在紧急情况下不能采用,有时还会影响领导的果断性;如果被领导者水平低、经验少,工作则会难于取得成效。

2.专制型管理

专制型管理的特点是团体内的活动计划及方针均由领导者决定,工作方法、工作步骤也由领导者指定。研究者认为,这种类型的领导的优点是效率高,容易适应变化的局面,能发挥领导者的主体作用。缺点是使下级过分依赖于领导,由于一切由上级决定,部属不容易产生工作热情,有时还会增加对领导的不满情绪。

3.放任型管理

放任型管理的特点是,在进行某种活动或工作时,领导者对被领导者不指导,不积极干预,工作心中无数,听其自然,被领导者遇到问题请示时,领导者才被动地应付处理。这是一种放弃领导不负责任的方式,这种方式必然造成工作控制不住,效率低,同事之间合作差,下级对领导失去信心。但在某种情况下,如部属能力强、进行要求较高的创造性的工作,这种方式也有一定作用。

三、有效使用管理技巧

一般来说,从下层开始,逐级上升,各级领导者所掌握的本领也应逐渐从科学上升为艺术。所谓领导艺术,是富于创造性的领导方式、方法,包括巧妙的领导技巧。在学校管理中,学校管理者除学习科学理论以外,还需努力掌握必要的管理技巧。

1.开会的技巧

会议是集思广益的重要场所,也是显露才华、发现人才的场所,会议不仅可以使与会者彼此了解共同目标,还可以了解自己的工作与他人工作的关系,明确自己如何为组织作出贡献。会议形成的决议或一致意见,还可以对每一位与会者产生一种约束力,以保证决议的贯彻。会议也是发扬民主、吸取意见的一个重要方法。由此可知,会议有其特定的功能。因此,成功地主持各种会议,对学校管理者发扬民主、集思广益、发挥集体领导的作用具有重要意义。

首先,每会必有一个明确的议题,每会旨在解决一个中心议题,一般不开多议题的会议。如果非在一个单元时间内开多议题的会议,应当明确地划分时间前后的阶段,解决一个之后,再进行下一个议题,要注意议题先后次序,会议的议题是会议的核心,主持者必须在开会之初就把议题说明。同时,要向每个与会者说明该议题讨论的理由,事情的现状,需要与会者解决问题和提供建议的某些方面,有时还要说明现有的解决方案以及对此方案正、反两方面的看法。总之,准备越充分,会议就开得越好。

其次,会议要采取民主态度。会议能否成功,与领导者关系甚大。领导者一般充当会议的主持者,应当与与会者建立平等关系,两者彼此之间应当互相尊重。一般说来,主持会议者不可过早提出自己的主张。值得注意的是,会议时间不可太长。据生物学家研究,参加开会讨论时,脑力的最佳状态保持 40~45 分钟。所以会议一般不应超过一小时,如实在需要超过一小时的会议,应当让大家充分休息后再开。这样才能保持良好的会风。

此外,学校管理者应注意、关心会上的沉默者。不管会议开得多好,往往与会者中总有不吭声的。这些人并非没有自己的看法,这些人的看法也并非不正确,主持者应当关心、了解沉默者的态度,弄清其原因,鼓励其发言。与此同时,还应谨慎对待重大议题。重大议题往往由于涉及范围广、专业知识深,会使有些与会者难以发表意见而轻易通过。在这种情况下,会议主持者要严格"把关",非经过正反意见反复讨论绝不轻易在会议上作结论。

2.谈话的技巧

在学校管理者的工作中,谈话占据重要地位,它是学校管理者对教师进行思想领导的一种重要的工作形式,是一项思想性、艺术性、科学性与技巧性很强的研究课题,所以能否正确、合理、充分运用这一工作形式,掌握谈话的艺术和技巧,对于有效地进行科学管理是至关重要的。

首先,作为学校领导者要善于启发下级说话。谈话一般来讲是领导者和被领导者的双边活动。谈话过程应尽力保持"双方"交流,一方对另一方的谈话得到及时的、积极的和适当的反馈,能使谈话津津有味。同时,要多用发问法。教师是知识分子,是教育教学的专业人员。学校管理者最好用商量的口气进行谈话,如"这样好不好?""这样行不行?"对于有些不熟悉或不了解的问题,更应当用发问的方法打开局面,发问的对话可使对方容易开口回答,进入谈话内容,同时也是表示谦逊、表示尊重对方的一种体现。

其次,谈话时需耐心。在谈话过程中,下级常常会忽然批评抱怨某种事情,甚至还会指责领导。这时,领导要保持清醒冷静的头脑,不要一阵激动,立即反驳,争辩不休,要多听取别人的意见,操之过急往往适得其反。管理者在谈话的过程中要态度诚恳、真心实意,使对方感到你的意见确实对他有利无害,只有彼此之间在心理上相互融洽,建立起信任感时,你的话才能打动对方的心弦,使对方心悦诚服。

此外,谈话要把握时机。学校领导与学校成员谈话和研究工作,要考虑该成员当时的情况。如他正忙着批改作业或备课时,不要突然找他进行谈话,以免引起反感。重要的谈话,最好事先约请,谈话时要简明扼要,不应拖泥带水。

与此同时,学校管理者应善于分开公私事。在业务性谈话中,教师常常在提出公务问题的同时提出个人问题,这时领导者应当巧妙地把公事和私事分开。只有分开处理才能使谈话有利于业务工作的讨论和开展。须知这两类事情的政策处理是不相同的。当然领导者在另外的谈话中,可以直率而坦然地向教师询问有关他们个人利益的打算和要求。

3.社交的技巧

现代社会的经济活动已远远不同于旧时代的农业和小生产经营方式。如今,商品经济日益发达、产业和市场结构日益复杂、市场机制日臻完善、竞争日益成为企事业兴衰成败的关键因素。这些变化导致学校的社会关系和环境变得越来越复杂。现代的学校较以往任何时候,都更需要公共关系来帮助自身减缓社会摩擦,使交往和谐化,最终为自己创造良好的关系氛围和社会环境。

因此,作为学校管理者,迫切需要学习公共关系的知识,提高参与社交的能力。因为它是信息社会的“润滑剂”与“催化剂”,是学校工作取得成效的保证,也是科学现代化管理的方法。

首先,学校管理者应注意个人形象。许多公关专家论述过一个原理:任何一个组织的公共关系,可以说,就是这一组织本身及其有关人员所造成的印象的总和。作为学校管理者的个人形象,往往与组织形象结为一体。他必须经常注意自己的装束、举止、言谈以及整个精神状态,看看是否得体适度。这一切不只是为了求得个人交际的进展,还将体现整个组织的风采。

其次,要克服羞怯心理,培养合群本领。共同经验区域常常是人们交际时最早进入的区域,初次见面应酬十分关键,因而在会见前最好将对方的性格、嗜好、专长等作一番基本的了解,或者一接触,就从对方的口音、职业、年龄方面寻找谈话线索,找到共同经验区域,这样,谈话就能沿着双方共同关心的问题展开。

此外,作为学校领导要多关心别人。“请多关照”是一句要身体力行的好话。要请人家关照你,先要经常关心别人。如果“人一走,茶就凉”,

换个场合就把别人别事忘个精光,这样的管理者是令人失望的。总之,学校管理技巧是很多的,通过学校管理者的自身努力和不断实践,掌握好众多管理技巧,学校管理的水平就会不断提高。

教学工作的基本管理

学校是培养人才的专门教育机构,教学是智育的重要途径,也是学校培养人才的主要途径。教学工作的成败对素质教育有着十分重要的意义。因此,不断加强和改善对教学工作的管理,就成了学校管理者的一项经常性的基本任务。

一、教学管理的意义

1.教学管理是学校有序运转的前提

从教学工作与学校的其他工作关系看,教学工作在学校各项工作中处于中心地位。教学工作组织协调得好,不仅有助于建立稳定正常的教学秩序,促进教学质量不断提高,而且有助于带动其他各项工作的开展。如果学校工作中心经常转移,教学管理时紧时松、时抓时放,学校就会处于紊乱无序的状态,教学上不去,其他工作也搞不好。

一所学校的教学管理工作的好坏,直接影响着学校多项工作的质量和学生的质量。因为教学管理工作不仅是一种组织性、协调性的工作,也是一项在教学领域进行改革和创新性的工作。在教学领域中,教师的教学思想是否正确,影响着学生成长与发展,教学管理是否得力影响着教学内容、教学方法和教学技术的革新。因此,学校领导一定要抓住教学管理这一关键性工作,把它作为学校管理工作的中心。

2.教学管理是学生质量的保证

从育人目标看,教学管理的水平直接影响着学校"产品"——学生的质量,直接影响着学校育人目标的实现。教学过程绝不是单向的知识传授的过程,而是在教师的指导下,学生德、智、体、美、劳等全面发展的过程。学生在教学过程中,获得了知识,发展了智能,逐步形成了良好的思想品德和科学的世界观,与此同时身体素质也不断得到增强。良好的教学管理,有助于引导教师全面认识教学工作,正确处理德、智、体、美、劳诸育的关系,正确处理教与学的关系,更好地担负起教书育人的任务,从而保证学校育人目标的实现。

二、教学工作管理的目标

1.教学质量的提高

首先,教学质量的提高,是指全面完成教学任务,达到全面提高教学质量的目的。中小学的教学工作大致有四大任务:一是向学生传授科学文化的基础知识和基本技能;二是发展学生的个性;三是发展学生的体力;四是培养学生良好的思想品德和奠定其科学世界观的基础。

第二,教学质量的提高,是指使全体学生得到发展和提高,而不是仅仅追求部分学生的发展和提高。

第三,教学质量的提高,是指中小学教学计划所规定的各学科都要教好、学好。

第四,教学质量的提高,是指要求学生全面掌握各门学科(课程)的体系和知识结构。

2.教学工作效率的提高

所谓提高教学效率,就是在国家颁发的教学计划、教学大纲所规定的时间内,以符合教育学和学校要求的教师和学生的教学负担量,完成教学计划和教学大纲所规定的教学要求。具体来说,教学工作效率是指教学效果与教学所花费的时间、师生教与学的负担量的比。

提高效率是一切管理工作的目标。教学工作也要讲究效率。就是要按学生的认识规律,尽可能加快教学的进度,减少教师和学生所使用的时间和精力。同样好的教学效果,所花时间少,师生负担轻,就是效率高。相反,所花时间多,师生负担重,就是效率低。在实际工作中有的学校和教师不重视教学效率,相反地却延长教学时间,增加师生的教学负担量,搞"题海战术",结果,分数可能上去了,升学率也提高了,却出现了大量的"高分低能"的学生,学生的身心健康也受到损害,这是不可取的。

在教学管理中,管理者必须把全面提高教学质量与提高教学效率二者有机地结合起来。如果只抓教学质量的提高,不重视抓教学效率,学校教学任务就很难在教学计划和教学大纲规定的时间内完成;如果只抓教学效率的提高而不同时抓教学质量的提高,就很难达到教学计划和教学大纲规定的质量标准。因此二者不能偏废。

三、教学管理内容的相互关系

1. 教与学的关系

所谓教与学的关系,就是要处理好教师的"教"与学生的"学"的关系。在教与学的矛盾中,教师是矛盾的主要方面,提高教学质量,主要依靠教师教好,靠教师发挥积极性。但是,学生是学习的主体,学生学习质量的提高,需要调动学生的主动性、积极性。因此,学校领导在教学管理工作中,要十分注意调动教师和学生两方面的积极性,要抓教促学,抓学促教;既要加强教师"教"的工作管理,又要十分重视加强对学生学习的管理;要经常研究教师怎样教得好,学生怎样学得好,特别要注意培养学生的学习兴趣、学习能力和良好的学习习惯。

2. 学科之间的关系

所谓处理好各学科之间的关系,就是要对教学计划规定的各个学科有一个正确的认识,不能重视这科,忽视那科。因为教学计划规定的学科,都是培养人的需要,是使学生得到全面发展的需要,是基础教育的需要。各个学科对发展学生的各个方面都有共同的和独特的作用。各门学科的知识是不同的,缺少了哪一科,都会使学生的基础知识有缺陷,对学生的全面发展产生不利的影响。所以我们管理教学工作的时候,要有全局观点,不能有所偏废,使各个学科占有其应有的地位,发挥其应有的作用,并且能互相配合和促进。

3.智育与德育的关系

教师的任务是教好学生,学校领导应该要求教师在教学中不仅要传授文化科学知识,发展学生的认识能力与体力,还要注意发掘教材的思想教育因素,对学生进行思想品德教育,培养良好的行为习惯。

教学中传播知识与进行思想教育是互相渗透、相辅相成的。在教学管理中,学校管理人员应强调和指导教师善于通过挖掘教材内容的思想因素对学生进行思想教育,通过课堂教学的组织、严格的要求,培养学生的文明行为和习惯。

4.课内与课外的关系

课堂教学是教学工作的基本组织形式,一定要将课堂教学搞好,提高"40或45分钟"的效率和质量。但是,培养人才单靠课堂教学是不够的,要同时注意组织、开展各种课外活动,如组织学科小组、技术小组、艺术小组、体育小组等,使课内外结合起来,扩大学生的知识视野,培养学生的实践能力,才能够有利于全面提高教学质量。同时,要把开展课外活动作为提高教学质量的一项重要工作抓起来、管理好。

四、教学管理的内容

1.教学质量管理

首先,教学质量的高低是教学管理水平的综合反映。教学管理主要是对教学质量实施管理,以达到提高教学质量的目的。教学质量的管理是教学管理的核心,管理者要在正确的教学质量观的指导下,根据一定的教学目的,用一定的质量标准,对影响"教"与"学"的各种因素进行检查、分析与控制,以此保证教学任务的全面完成和教学质量的全面提高。

与此同时,教学质量观是对教师教学优劣程度的总体性的看法和认识,它集中地反映管理者的教育思想水平,对整个教学过程起着重要的导向作用。管理者的教学质量观不同,检查评价教学质量的标准就不同,对教学过程产生的影响也就不一样。所以,树立正确的教学质量观是科学地实施教学质量管理的前提。

在全面教学质量观的指导下,教学质量标准就不是单一地以考试成绩为基准,它是一个包含多因素、多层次、多维度的标准体系。这一标准体系是师生共同追求的目标,也是管理者检查和评定质量的依据。

其次,教学质量检查是根据一定的质量标准对教学过程的各个环节、各个阶段的质量进行鉴定、评判的管理手段。通过检查,将教学质量的现实状况与质量标准相对照,及时反馈,获取信息,以便采取措施,对教学质量实施有效的管理。

此外,检查教学质量的最终目的是为了提高教学质量,因此教学质量检查要与质量分析相结合。通过对质量检查中获取的信息的分析,肯定成绩,总结经验,同时发现问题,从教与学以及管理诸方面找出原因,对症下药地采取措施,从而给教学以具体指导,引导教师改进教学,在现有基础上不断提高质量。

对于教学质量的分析,管理者一般都较重视期中、期末考试以后的质量分析。这是因为期中、期末考试以后的质量分析是在全面检查基础上进行的综合性分析,对于过去阶段的教学具有总结意义,对于今后新阶段的教学则具有指导作用。阶段性的质量分析经常运用的方法有数量统计法、比较法和综合分析法等。

在进行教学工作管理的过程中,教学质量的控制也是值得重视的一项工作。教学质量的控制建立在教学质量检查和分析的基础上,它是教学质量管理的重要环节,质量控制是指对影响教学质量的因素直接加以干预,如总结和推广有利于质量提高的教学经验,限制和排除偏离教学大纲、有碍于质量提高的不利因素等,从某种意义上说,质量检查和质量分析也是一种控制。

对教学质量实行有效控制,关键在于将经过质量检查和分析提出的改进教学的意见付诸实施,切实地解决教学过程各个环节上存在的问题。要及时获取各种反馈信息,对形成教学质量的各种因素进行合理的调控;有些则要根据管理的一般规律,采取措施,防患于未然。如为防止初中二年级学生两极分化趋于严重,就需及早加强思想教育工作以及学习管理工作,把可能影响教学质量的消极因素消灭在萌芽状态中。

2.教学行政管理

首先,教学行政常规事务管理的前提工作是保证教学工作的正常有序运行。科学、合理地安排好学校活动日程表、作息时间表和课程表并严格执行,是教学运行管理的职能。其中,学校活动日程表要在以教学为主的前提下安排学校各项活动,以保证教学秩序的正常稳定及教学工作与其他工作的协调;作息时间表是学校对师生每天学习和活动的时间安排,可以根据季节变化、昼夜长短的不同特点来编排;课程表是学校日常教学活动的"总调度员"。在活动日程表、作息时间表及课程表中,编排和执行课程表对建立和控制正常教学秩序,保证各项工作有条不紊地进行起着最为重要的作用。

其次,教务例行工作的管理作为教学行政管理的一部分,贯穿于学期进程的始终。开学前,制订新学期教务工作计划,编排学校活动日程表、作息时间表以及课程表,组织教师学习教学大纲,制订教学进度,备好课;组织学生报到注册,新学年开始前不及格生补考,确定留级名单;检查图书馆、实验室等教学设施,做好上课前的准备。开学初,向全校师生报告新学期教学工作计划,落实学校教育科研计划、教研组计划、第二课堂活动计划,以及对学生进行学习常规教育。对初一新生要做好小学和初中的教学衔接工作。学期中,组织期中考试,制订和组织填写各种统计分析表格,进行质量分析。学期末,安排期末复习考试,考试后在教师自我分析的基础上做好期末质量分析,总结一学期的教学工作,确定并布置下学期的教学任务。

此外，教学行政管理还包括教学档案的管理工作。教学档案能够全面地反映学校教学活动的真实情况，为学校不断深入开展教学研究活动提供依据。认真做好教学档案管理工作，将大量有考查价值的教学资料收集整理并保存起来，以便有据可查、有案可找，这将有助于学校总结经验，改进教学，提高管理水平和教学质量。

与此同时，为做好档案资料的收集整理工作，学校需要采取一系列组织保证措施。学校要有分管领导具体负责，要制订档案工作规章制度，加强管理，并提供必要的物质基础。

3.教学改革管理

首先，学校管理者应端正管理思想，树立正确的管理目标。管理思想决定着管理的方向，它集中地体现在管理目标的确定上，教学管理目标对教师的教学活动起着支配作用，它影响和制约着教学工作的全部发展进程。因此，端正管理思想，树立正确的管理目标是使教学管理适应教改，促进教改的一个根本性的问题。

根据系统论原理，教学管理的目标必须与学校管理的总体目标整合一致。学校管理目标又应以教育目标为依据，并为实现教育目标服务。从新时期学校的教育目标出发，教学管理目标应是大面积提高教学质量，使学生在各个方面都得到生动活泼、主动的发展。只有端正管理思想，教改才会有正确的方向，也才能够把广大教师引导和组织到教学改革的洪流中来。

其次，教学是创造性的劳动，教学改革更需要创造精神。只有当全体教师都专注于创造性的研究，积极探索教学规律的时候，教学改革才有成功的希望。为适应教学改革的需要，必须转变习惯于采用单一的行政手段的管理方式，大力倡导研究之风，以唤起教师热爱工作、投身教学改革的激情，最大限度地发挥他们的工作主动性、积极性和创造精神。要根据本校的教学基础和今后的发展趋势寻找教改突破口，确定全校研究的中心课题，然后结合各科特点提出各门学科的研究课题，组织教师协同攻关,把课堂作为研究教学的主要阵地,通过经常性的听课和分析,一方面指导帮助教师总结经验,并把经验上升为理论,另一方面发现带倾向性的问题,引导教师探索改进教学的途径和方法。

与此同时,教学改革归根结底是教育观念、教学思想的更新变革。有什么样的教学思想,就有什么样的教学方法。要改革教学,必须更新教学思想。

正确的教学思想是教育科学理论同教学实践相结合的产物。教学管理的艺术就在于善于从调查研究入手,抓住教师在教学实践中反映出来的教育思想上的问题,引导并组织教师学习教育科学理论,帮助教师打开眼界、开拓思路,在如何正确处理教与学的关系、传授知识与培养能力的关系、统一要求与因材施教的关系等问题上获得新的认识,从而引起教学观、智育观、学生观、质量观的更新变化。教学思想变了,教学方法的改革就势在必行了。

此外,教学改革的管理要发扬教学民主,创造宽松的环境气氛。现在不少教师在教学改革面前踟蹰不前,不敢越雷池一步。如果从管理上找原因,就是因为现行的教学管理往往只重质量检查,不重质量创造;对质量检查,又只重结果,即分数,而不重对造成结果的原因进行分析,这就导致师生都过于看重分数,似乎一切都是为了分数。在教学管理中单纯以分数论质量,势必带来对教师水平和教学质量的简单武断的评价,带来师生为分数而奋斗的不良倾向。同时,这种不良倾向会使教学民主空气窒息,使教学思想和教学方法僵化,使分数最终成为束缚教师改革创新精神的枷锁。

教学工作的计划与实施管理

管理教学工作,首先要有一个教学工作的总体计划,通过它,把全校教学工作的各个方面管理起来。同时,教学工作计划能否顺利实施,对学校管理目标的实现具有重要意义。

一、教学工作计划的制度

1.教学工作的指导思想

每学年或学期初,管理者在制订教学计划过程中首先应明确本学年或学期对教学工作的指导思想以及对工作的基本要求,具体指出坚持什么思想,克服哪些困难,改正哪些不足,对教师以及学生有哪些具体要求等等。

2.规定各学科教学质量指标

指标可用三种方法来表示:一是用分数来表示,即规定平均分或合格率或优秀生率等;二是用掌握知识和技能的范围来表示,如规定各门学科的教学,要求学生掌握哪些知识与技能。有哪些知识和技能可以用数量来表示,如规定识字数量,掌握的词汇数量,掌握实验的数量等;三是根据不同的教学任务采用分等的方法来表示,如掌握知识方面可分为全部掌握、绝大部分掌握、基本掌握和略有掌握四等,形成技能方面可分为全部熟练、大部分熟练、基本熟练和少数学会四等,自学能力方面可分为能独立钻研、能独立自学、基本能自学和初步会自学四等。

3.编排教学日程

把整个学期教学工作主要的共同性活动加以安排,如将公开教学、期中检查、经验交流、教学成绩展览等教学活动具体安排在各周。

同时,应提出提高教学质量的主要措施,如端正教育思想和加强学习目的的教育;健全教学工作的管理制度;充实教学设备;举行观摩教学;加强教学研究等等。

教学工作计划除了全校性的计划外,还有各教研组的教学研究计划、各科各年级的教学进度计划、教改试验计划、实验实习计划、课外活动计划、领导教学工作的计划、教师的单元计划和课时计划等。

二、教学工作的计划管理

教学工作的计划管理,是学校教育工作赖以有序进行,顺利完成教学任务,实现培养目标的重要保证;是学校管理的首要的主导性职能。它一般包括两层意思:一是用计划去管理教学工作;二是把各方面的教学工作计划都管理起来。教学工作计划管理的任务,就是按照教育方针和国家颁发的教学计划、教学大纲的要求,结合学校实际,制订一个学年或一个学期的教学工作奋斗目标,确定实现这一目标的具体措施,并组织实施,以保证各科教学任务的完成。

1.全校教学工作计划

它是整个学校工作计划的主要组成部分,应在校长的直接领导和参与下,由教导主任具体制订。其主要内容是:

(1)教学情况分析。对上学年或上学期教学工作进行简明的分析,指出所取得的成绩和经验、存在的问题和缺点、有利条件和困难,以及本学年或本学期出现的新情况和新问题。

(2)本学年或本学期的教学工作目标和要求。它应在分析上学年或上学期出现的新情况、新问题的基础上,进行科学预测,提出本学年或本学期的教学工作的目标和要求。它包括学生在德、智、体、美、劳诸方面的具体培养目标,特别是在发展能力方面的要求,以及学生各科成绩的及格率、优秀率、提高率、合格率、升学率与就业的适应率等数量指标。

(3)本学年或本学期的教学工作内容和措施。在内容方面,应清楚地规定本学年或本学期教学工作的项目、各项工作的具体要求和工作进程。措施一定要具体、有力,包括加强领导的措施,提高和培养教师的措施,改革教学的措施,提高学生自学能力的措施,开展教学实验和科学研究的措施等。一般来说,计划不宜过于庞杂,切忌面面俱到,以致重点不突出,流于一般化。

2.教学研究组(教研组)工作计划

它应以学校教学工作计划为依据,结合教研组的实际情况制订。主要包括以下内容:

(1)对本组前一学期教学工作所取得的成绩和问题的简要分析。

（2）本组在本学期改进教学的基本设想和教学研究活动的主要课题及其要求。

（3）按周安排好各次教学活动的内容和时间，如集体备课、专题讨论、观摩教学、总结交流经验等。

（4）本组课外活动的内容与时间安排。

3.学科教学进度计划

它是全校教学工作计划的最终落脚点。由任课教师制订，经教研组长确认后执行。其内容除了要对前一学期学生学习情况和本学期教材内容的分析外，还要明确提出本学期的教学目的、要求，实施措施和改进教学的方法，并且要具体安排本学期的教学进度表。这里应具体写明章节课题、所需时间、起止日期，以及各章节需要安排的教学实践活动，如实验、实习、参观等。

三、教学计划实施过程的管理

教学是一个过程，它依赖教育和教学的客观规律，依据规定的培养目标和制订的教育计划，通过科学而周密的组织来实现。

教师的教学工作计划，有一定的程序，是一个过程。这个过程一般包括以下环节，即备课、上课、布置和批改作业、辅导、检查和考核学生的成绩等。只有对这些环节应提出规格要求，才能保证教学质量。

1.备课管理

备课是上好课的前提。它是教师根据教学大纲的要求和本门学科的特点，结合学生的具体情况，选择最合适的表达方法和顺序，以保证学生有效地学习。对教师来说，备好课是加强教学的预见性和计划性，充分发挥教师主导作用的重要保证。

学校教育管理人员，不但要向教师提出明确的备课要求，进行必要的指导和帮助，而且要给教师以时间的保证，要提供和创造必要的条件，要进行必要的检查和督促，增强教师备课的责任感，调动备课的积极性，切实把备课的管理搞好;不仅要加强对教师个人备课的管理,而且还必须抓好教研组和年级备课组集体备课的管理。抓教师个人备课的管理,一般是采取向全体教师提出备课的一般要求与个别指导相结合的方法;抓教研组和年级备课组的集体备课的管理,主要是通过参加他们的集体备课会议的方式进行。

2.课堂教学的管理

课堂教学是教学的基本组织形式,是教学过程的中心环节,其他教学环节都是直接或间接地围绕课堂教学来进行的。因此,搞好课堂教学管理,对于搞好整个教学工作的管理,提高教育质量,具有特别重要的意义。

一个学生从入学到中学毕业,大部分时间是在课堂度过的。教师主要是通过课堂教学这种形式,来向学生进行科学知识的系统传授,而学生也主要是通过课堂教学这种形式,来获得知识、发展能力、提高素质的。因此,学校管理者只要紧紧抓住课堂教学这个中心环节,搞好课堂教学的管理,充分发挥教师在教学中的主导作用和学生在学习过程中的主体作用,就能保证学校教学任务的顺利完成。可见,搞好课堂教学的管理,是搞好整个学校教育工作的核心。

教学既是一门科学,也是一门艺术。由于教师各有所长,每一门学科又有其不同的特点,因此,很难用同一把尺子去衡量。但是,从课堂教学的基本特点和一般规律来研究,学校管理者还是可以对课堂教学提出一些基本的要求的,以加强对课堂教学的管理。

3.学生作业的管理

学生作业的布置与批改,是教学工作的有机组成部分,它对于学生理解教材、巩固知识、训练思维、增进智力、培养技能技巧,都有重大的作用。同时,还可以帮助教师检查教学效果,了解学生学习的质量。学校管理者应当把教师对作业的布置与批改,当作教学管理中的一项重要工作来抓。

首先,应严格控制教师布置的作业量;其次,要督促教师精选作业题,要选具有代表性的题目,要注意广泛和具体相结合,具有针对性和连续性,让学生通过练习获得最大可能的知识效果和一定能力的提高。作业习题要难度适当,教师要预先试做;此外,应要求教师及时认真批改作业。为了及时掌握学生学习的情况,教师对学生的课外作业应进行经常性的检查和批改。批改的方式多种多样:全面批改、重点批改、轮流批改、当面批改、师生共同讨论批改、指导学生相互批改等。各种方式都应从实效出发去考虑。批改和检查的结果,除了通过评语和个别谈话对学生加以指导外,对一些有代表性的问题要对全班学生进行分析讲解。

4.学生成绩检查与评定管理

学生成绩的检查与评定是学校管理中的重要工作之一,也是检查教学效果、进一步改进教学工作的重要措施,它能起督促学生努力学习的作用。对学生学业成绩的检查主要运用考试、考查两种方式进行。考试就是根据教学大纲的规定,以教材为依据,对学生应该掌握的知识、技能和运用知识的能力进行全面系统的检查;考查就是对学生平时或非主要学科学习效果的检查。

5.学生课外辅导管理

课外辅导是课堂教学的必要补充。班级授课制的特点决定教师的课堂教学要从学生的大多数出发,这样组织的教学往往会出现一部分跟不上进度,而优秀生又"吃不饱"的现象。因此,在搞好班级课堂教学的同时,要注意因材施教,加强对学生的个别辅导。学校管理者,应当重视并加强对课外辅导的管理。

课外辅导主要是对学生进行个别指导,其主要任务是析疑解难,启发思维,指导方法。

6.对学生学习计划的管理

学习计划是学生进行学习的行动纲领,可以促使学生进一步明确学习目的,增强责任感,积极努力地完成学习任务。学习计划应由学生个人制订,它一般包括以下内容:第一,对上学期学习情况的分析,扼要地说明上学期学习的主要成绩和存在的问题;第二,提出本学期努力的方向和目标。目标要明确,要切合实际,不能太高,也不能太低,既要估计到发展的可能性,也要留有余地;第三,提出具体努力措施,如朝什么方向改进,基本要做到哪些,要克服什么缺点,怎样端正学习态度、改进学习方法、提高学习能力等。学校领导和教师要指导学生学会制订学习计划,组织学生检查计划的执行情况和修改计划,促使计划得到落实,以使学校教育工作更加完善。

四、教学工作的检查与总结

1.教学工作的检查

教学工作的检查,最重要的是对教师教学工作的检查和对学生学习质量的检查。检查的方式方法很多,如听课、汇报、调查会、座谈会、考试分析、作业分析、教学笔记或教案分析等等。而对教学工作的检查最基本、最经常的工作是对课堂教学的检查,其主要方式是听课分析,对学生学习质量的检查是考试、作业和质量分析等。

首先,听课分析要明确听课的目的:听课能了解教师的备课情况、讲课特点和业务水平,能了解学生的学习情况。结合听课指导教学,能更有针对性。听课也是领导干部熟悉业务的重要途径。

其次,要注意听课的步骤和方法。同时,注意对听课过程中的课程教学目的、内容与方法等的分析,听课后要与教师进行意见交换,提出具体的意见与建议。

2.学生学习质量的检查与分析

首先,学生学习质量的检查有平时检查、阶段检查、期末检查、全面检查、分科分专题检查等形式,检查方法主要有考试、测验、检查书面作业等。学习质量检查的关键是如何运用一定的检查形式,设计一定的检查题目,改革评分办法,提高考试、测验的效度和信度。这是一个很值得研究的课题。

其次，质量分析。对检查中所得到的数据，要进行认真科学的分析，并找出数据背后的原因，才能真正为改进教学提供更多的反馈信息，推动教学质量的提高。

3.教学工作总结与教学经验的交流推广

首先，为了提高教学质量、提高教师教学水平和领导管理教学工作水平，要定期对教学工作进行总结。教学工作总结多种多样，有教师教学总结、教研组的总结、学生的学习总结、学校领导的总结，既有全面性总结，也有专题的总结。

其次，在教师、教研组总结教学经验的基础上，要组织经验交流，使先进经验得到推广，这是提高教学质量的重要措施，也是促使教师认真做好总结的办法。如果每个学期只是总结经验，领导不组织经验交流，教师对总结工作就会缺乏积极性。

交流推广经验的方式可以在教研组中互相交流，也可选择优良经验在全校经验交流会上进行推广，还可把较好的经验印成书面材料发给教师或推荐给报刊发表。

任何经验都是和一定条件联系在一起的，学习先进经验要防止生搬硬套，既要提倡虚心学习的态度，克服文人相轻和过分强调特殊的思想，又要提倡结合本单位的个人实际，鼓励工作中的创造性。

教学研究工作的基本管理

教学研究工作作为学校教育工作管理的一部分，是学校管理者系统地、卓有成效地去开展教学研究并实现预定的教学研究目标所进行的工作之和。

一、引导教师科学制订教学研究目标

1.目标的可行性

"一切从实际出发"是做好工作的首要原则。所以，教学研究目标必须符合本校的实际。如果拟定的目标不符合实际,所开展的教学研究就不能有效地推动本校教学工作的改进。这里所指的客观实际有两个方面:一是要充分理解党和国家的教育方针、政策、法律法规,使我们的教学研究目标与我国教育现代化的需要相适应;二是要充分了解本地区、本校的教学实际(教师的教、学生的学、教学的历史和现状等),只有从本地区、本校的实际出发,充分考虑本地区、本校在教学中需要解决的问题,制订出来的目标才不会是"空中楼阁"。一般来说,研究力量比较雄厚的学校可以组织专门力量,就有关教育方面的重大问题进行理论的研究和探讨;而不具备这样条件的学校则应主要选取与本校教学实际接近的课题进行研究,这样的目标,虽不是轻而易举就可以达到的,但只要通过自身的积极努力和创造性的实践活动,就可以在预定的时间里达成。通过努力而能达到的目标具有增强成员信心的作用,并能激励成员在达成目标后为实现更高的目标做出更大的努力。

2.目标的层次性

一个学校的教学研究与实验必须有其总体目标,这是毫无疑问的。但是为了达成这一总目标,还必须将其分解为各有关群体(如学科教学研究组)及其成员的单项目标或低一级的子目标。同时,不论总目标、单项目标还是低一级的子目标,都应包括长远目标、中期目标和近期目标(也可以说长远规划目标和近期要求目标)。这样,就组成了一个有层次的目标系统。

教学研究目标的层次性反映了这些目标的从属关系。整体目标决定了单项目标或子目标;长期目标决定了中期目标与近期目标。目标的层次越低,内容就越具体,可操作性就越强。而各类目标又有不同的意义和价值:总体目标具有方向性作用,它体现了总体要求,而其他各类目标是实现总体目标不可缺少的部分。没有具体目标的落实,总体目标的实现就成了一句空话。因此,具体目标的落实是教学研究管理的关键。

3.目标的导向性与先进性

任何一个管理系统所要达成的目标,对全体成员来说都必须带有明显的导向性。所谓导向性是指目标要符合教学研究的大方向,立足于我国的教育实践,放眼于世界和未来,力求为我国的社会主义现代化建设做出贡献。只有沿着这个大方向前进,我们的教学研究才有广阔的前途,我们的研究成果才有可能为教育事业的腾飞做出贡献。

所谓先进性是指"目标"所显示的前景要优于现状,"目标"所解决的问题是在沿着教学研究的大方向前进中,前人不曾解决的问题(至少是在本地区或本校尚未解决的问题)。要达到此目标,需要成员积极努力,付出创造性的劳动。因此,目标的先进性能鼓舞成员奋发向上,积极进取。

二、教学研究目标实施的管理

1.组织落实的管理

任何目标都需要通过一定的组织形式才能顺利实施,因而抓好组织落实是实施教学研究管理的重要环节。成立由学校校长或副校长领导的学校教学研究室或教学研究小组,负责全校教学研究组织与管理事宜。同时,校教研室要加强对教研组的教学研究活动的管理。因为教研组是教师进行教学研究的组织,也是学校教学系统的基层组织,学校的教学研究都是通过教研组具体实施的,它直接影响着教学改革的进程与教学质量的提高。

一个学校的教研活动和教改实验能否扎扎实实、卓有成效地开展起来,教研组长起着十分重要的作用。因此,组建教研组的一项极为重要的工作是确定好教研组长。应当通过自由竞争或民主选举等形式把那些政治思想好、业务能力强、热心于教学研究、有奉献精神、在教学中有较高威望,并有一定的组织能力、责任心强的优秀教师选拔到教研组领导岗位上来。

2.健全规章制度

制度落实是搞好教学研究管理的关键。只有建立健全的、切合本校实际的各种规章制度，才能保证教研活动正常开展。学校领导应当制订全校教学研究规划的实施方案，并要求各学科教研组根据学校提出的要求，结合本组实际制订出教研工作的整体规划，每学年或每学期要有活动计划，每个教师要根据教研组计划结合本人实际制订个人的教研计划和奋斗目标。

学校要建立集体备课制度（要明文规定集体备课时间）、听课制度（包括观摩课、研究课）、学习制度（学习教学研究的有关理论、大纲、教参以及外地先进经验）、教研档案制度。这一切都必须做到"三实"，即从实际出发、实事求是、讲求实效。在抓制度落实中，还有两个十分重要的工作要做好，一个是管理者要在制度上保证给教师提供发言和表现才华的机会。事实证明，只有给教师提供充分展现自我的机会，让那些教学研究有成绩、有成果的教师显露"头角"，才能激发广大教育工作者开展教研活动的积极性。这是活跃学术空气、提高教学研究水平的重要手段；另一个是在条件许可的情况下，通过"走出去、请进来"的方式，学习外地外校的好经验，以不断用"新鲜血液"来给广大教育工作者加强"营养"，提高他们的教学研究能力。

3.有效开展监督检查

管理科学告诉我们，任何工作只有布置而没有对工作效果的检查是不行的。在学校里，当教学研究没有成为自觉行动之前，往往被看作是不同于教学的软任务。因此，对教学研究的检查尤其重要，学校管理者不应把此项工作单纯地视为管理者与被管理者的对立行为，而应该参与教学研究与实验，把检查、监督与共同研讨、面对面指导结合起来；把竞争机制引入教研活动中，制订教师的教研量化考核办法，并把教学研究的成绩与对教师的奖惩挂钩，与教师的晋级、评先挂钩，以充分激发每位教师开展教研工作的积极性、主动性和创造性。

三、教学研究管理者的培养

在中小学教学研究的组织和管理过程中,能否有效地组织和管理学校的教学研究,在很大程度上取决于学校管理者素养的高低。提高学校教学研究管理人员的素养,主要应从以下几个方面着手:

1.培养敏锐的观察力以及抓好改革创新精神

只有具备敏锐的观察力,才能在当今教改形势迅速发展、新信息层出不穷的情况下,始终掌握时代的"脉搏",以教改的新成果、新动向、新思想,来组织和领导学校的教学研究与实验工作。只有不断用新出现的先进教学思想、教育理论来武装自己,才能更好地"居高临下",驾驭整个学校教育教学改革工作,否则就会落后于形势,教学研究就难以出成果。因此,抓教学研究管理的学校领导,必须解放思想,依靠群众,锐意改革,加强改革力度,加快改革步伐,只有这样才能担当起领导全校教学改革与实验的重任。

2.培养教学研究计划制订与总结的能力

科学地制订好学校的教学研究工作计划是衡量教学研究管理水平的重要方面,而经常总结教学研究与实验工作的经验教训则是提高教学研究与实验管理工作效率与水平的必经之路。因此,管理者在制订计划和总结的过程中,要深入课堂、深入教研组认真地调查研究,掌握教学全过程各方面的情况,并及时发现带有普遍性的问题,这样才能抓准影响教学研究质量的主要矛盾,不断提高教学研究工作计划和总结的能力。

3.培养评课以及抓好改革试点的能力

著名教育家苏霍姆林斯基说:"听课和评课,是学校领导者的两项主要工作。"对于学校教育管理者来说,这种能力是极为重要的。因为课堂教学是教学诸环节的中心环节,它集中地反映了一个教师的教学能力、业务水平、教学经验等。经常听课则是提炼教学研究课题的重要途径。听课后要评课,共同研究改进教学的办法。评课的过程就是对具体的教学进行研究的过程。高水平的评课能给教师指出教学研究的努力方向，如果听课后说不出个所以然，对教师研究教学、改进教学没有什么帮助，或者尽说外行话，就会在教师中失去威信。因而，作为教学的组织领导者来说要切实努力学习有关理论与技巧，不断提高自己的评课能力。

与此同时，教育教学的经验告诉我们，一项改革措施，如制度方面、教材方面或教法方面的改革，是否符合客观规律，是否能在全校广泛实施，都应先在小范围内实验，再视其效果如何而定。因此，无论抓哪一项改革实验，学校领导都应集中精力，先抓好一两个试点（班），在点上取得经验或成果后，再向全校推广。可见，抓好试点的能力也是管理者在教学研究的管理中不可缺少的。

学校管理的改革

学校管理改革应是整个教育改革的重要方面，也是学校领导者的一项基本任务。因此，增强改革意识，积极投身教育改革实践，是学校领导者必须具备的重要素养。

一、管理改革的意义

学校育人工作的特点之一是周期性长，因此要求工作秩序力求稳定，建立常规；但是学校育人工作又要面向未来，迎接新技术革命的挑战，为未来社会服务，因而又要打破常规，进行改革。常规管理是改革的基础，改革又是常规管理的发展，改革进行的程度，往往代表了一所学校教育工作的发展速度和活力。

青少年是我们国家的未来，新时期的中小学素质教育对人才的思想政治素质、科学文化素质和身体素质等方面都提出了更高的要求。目前，教育工作对此还存在着不少差距，如教育思想陈旧，教育方法落后，只有坚持改革，才能为社会主义现代化事业培养一代新人。

学校管理的改革无疑要靠具有改革意识的学校管理者教育工作者，现代中小学校长应是个教育改革家,而教师应是教育改革工作的践行者。

二、改革的相关理念

学校管理在改革中要掌握教育的特点,根据教育的特点,积极稳妥地组织进行,努力处理好各种理念之间的相互关系。

1.长远和当前的关系

教育具有长期性,俗话说"十年树木,百年树人",就是这个道理。但这绝不是说在学校工作的每一个具体事项、具体环节上可以慢慢来。应当认识到,青少年的成长过程具有明显的阶段性,教育必须根据青少年成长的关键时期进行适时教育。这就要求学校的教育改革和管理改革,要处理好长远和当前的关系,既要有长远目标,又要有近期打算。

(1)从技术改革入手

技术的改变,主要是组织完成任务所用的方法和设备的改变。在学校教学改革中,不少学校采用现代化教学手段,用计算机辅助教学;改革教学方法,通过提高上课效率等提高教学质量。

(2)从组织结构入手

结构的改变就是重新进行组织,包括重新划分和合并原有的部门,协调各部门工作。调整管理幅度与管理层次,以及给某些部门一定的自主权。如有的学校为了加强政治思想教育,用年级组为主结构代替原学科教研组;为了加强集中领导,减少层次,用思想工作委员会和教学工作委员会代替教导处工作等。

(3)从外部环境入手

学校不但要适应外部环境的变化,而且要主动调节外部环境,使之在最大程度上有利于组织目标的实现。现在不少学校厂校挂钩,建立社区教育委员会等,为学校发展创造了良好的外部条件。

2.领导和群众的关系

领导与群众在改革中通常是一对矛盾体。对于改革,人们通常是欢迎的,总是希望把自己所在的学校及工作搞得好一些,同时也希望工作环境更舒适些,福利待遇等生活条件更好些。可是,一旦实施某种改革,有些人又会感到不习惯,会产生对改革的抵制。抵制改革的原因大致有心理方面的,如职业安定感、地位的稳定性等可能因改革发生变化;有经济方面的,如担心改革后被辞退、降薪,增加工作量而不增加个人收入等;也有社会方面的,如已形成的传统陈腐观念,及群体形成的不良风气等等。

作为学校领导者,既要看到改革碰到阻力是不可避免的,要勇于坚持改革方向,同时又要考虑群众的心理承受能力,积极做好工作,争取群众中大多数人的支持。

3.经验和科学的关系

在学校管理改革中,既要重视经验,更要重视科学。教育改革的实践为学校管理改革提供了丰富的经验。经验是要借鉴的,可是经验的东西如果不提高到现代科学的高度加以检验而决定弃取,也可能成为学校管理者的负担。

三、管理改革的过程

1.调查研究

从学校管理来看,改革的根据是:(1)决策的形成过于缓慢,信息沟通不良,工作效率极低;(2)学校中的主要机构,如教导处、总务处、教研组或年级组已无效率或者不能充分发挥其真正作用;(3)教师不能集中精力认真钻研教育与教学,整个学校已无积极向上的动力;(4)从群众到领导,从管理措施到教育、教学方法都无创新活力。如有以上症结,则表示改革时机客观上成熟了。

2.提出问题

这一阶段主要是创造变革的气氛,培养改革意识。要善于鼓励人们揭露矛盾,指出弊端,造成一种不满的气氛,使人对那些不合理的制度和措施,深感不改就寸步难行,让人们看到只有改革,才有希望。这阶段亦可称之为酝酿发动阶段。

3.制订方案

管理者要发动群众认真制订改革方案,充分研究实施计划。这个计划主要包括如下几方面:

(1)明确改革的目标、内容、方法和策略。

(2)找出症结,抓准问题,找好突破口。在制订方案时要发挥智囊团的作用,充分听取各方面意见,特别要听正、反两方面意见,因为反对意见也是一种论证,只有通过科学论证,才能制订出较为完善的方案。

(3)充分论证有利条件和限制条件,特别要细心地分析和研究限制条件,然后决定改革的方案。

4.解冻固结

改变一种制度、方法、措施的稳定状态,这在管理学中称为"解冻";维持一种制度、措施,使其具有稳定的阶段,这在管理学中称为"固结"。解冻和固结都是改革的需要。解冻即对旧的固结加以否定,消除各种支持这些制度、措施的各种行为因素,并采取必要措施,将对改革的妨害因素减至最少的程度。

与此同时,还要将各种改革加以固定,形成新的稳定。

5.评估反馈

也可以称为改革的检查阶段。就是对改革后的行为和工作绩效加以衡量,看它们是否符合预期的目标与要求、进展与趋势、有无过重的后遗症等。在这一阶段,要掌握改革效应的规律,即从开始的负效应逐步转化为正效应的规律。改革的效应,一般划分为三段,第一段是立即生效反应,第二段为短期失效反应,第三段为稳定效果反应。如在较长时间内不发生积极效果,即认定失败。

学校管理的创新

我国的学校教育工作,过去对信息资源的认识不足,没有把信息资源的管理放在应有的位置,造成学校管理思想封闭、管理手段落后,学校教育无法适应国内外形势发展的要求等。因此,实行管理创新对于学校教育目标的实现具有非常重要的意义。

一、管理创新的基本原理

管理创新是创造一种更有效的整合组织资源的模式;同时,管理创新不仅是一种新的思路,更是一种已经实施,证明有效,且能在同类组织中推广的模式。

管理创新包括创设一种新的组织机构,提出一个新的管理方式方法,设计一种新的管理模式,建立一种新的管理制度等多方面的内容。

学校管理创新既有一般管理创新的共同性,又有其自身的特点。我们要在掌握管理创新共性的基础上,研究学校管理创新的特点,把管理创新的共性与学校管理创新的特点结合起来。

首先,学校管理是一种教育管理。它是在一个国家或地区的政治、经济、文化等因素约束下,遵循教育自身的规律,运用科学的理论和方法对学校的工作进行预测与规划、组织与指导、协调与控制,使学校的教育资源得到合理配置,以便更有效地实现教育目标的活动过程。因此,学校的管理创新受到了更多的社会条件的制约。它的创新必须符合国家和社会的要求,符合国家在一定时期内的教育方针政策和基本的教育法规的要求。这意味着学校管理创新的时空受到了一定的限制,从而要求学校管理创新更具有前瞻性、预见性,洞悉教育并学校管理的发展趋势。

其次,学校管理是以育人为中心的管理。它的管理目标、内容、手段、组织、制度以及具体措施和安排都是为了实现师生的自由的、充分的全面发展。人在学校管理诸因素中是唯一具有能动性的因素。据此,学校管理创新,不管是办学思路、组织机构、管理模式、管理制度、管理方式方法的创新,是否科学有效,主要看是否能促进教育资源的合理配置,是否有利于实现受教育者素质的全面发展和提高。

此外,学校管理创新成果要有教育科学理论为依据,能创造性地以科学理论为指导,反映先进的教育教学和管理理论水平。其创新水平或表现为发现创造,或整体改进,或部分改进,同时其运用效果表现为显著或比较显著,能在一定范围内推广应用。

二、管理创新的必要性

目前,全国的中小学都在积极实施素质教育并探索实施素质教育和管理改革问题。过去学校管理的许多措施已不适应素质教育的要求,学校必须建立一套适应素质教育的内部管理机制,改革传统落后的管理模式,从内部引导和规范教师的教育教学行为,实现由应试教育向素质教育的转变。

提高办学的质量和效益是学校管理的一项基本任务。这一任务的实现,要求学校管理进行多方面的改革和创新才有可能。管理创新的目标是提高学校有限资源的配置效率,使学校教育和管理获得更大的经济效益和社会效益。一所学校要持续发展,既要提高目前的效益,也要提高未来的效益,即提高学校长远发展的能力。

有学者提出,随着改革的深入、自主权的扩大、竞争的激烈,中小学管理者再也不能只关注管理的战术问题了,而是要同时考虑战略问题。中小学的战略管理就是立足长远、放眼全局、以抉择和实施战略为手段来统揽管理工作的各个环节和各个方面的管理形态。

作为学校的领导管理者,应把战术管理与战略管理结合起来。战术管理的创新有利于提高近期的效益,战略管理的创新有利于提高未来的长远效益。两者都在增强学校的实力和竞争力,从而有利于学校的持续发展,使学校的教育工作更加完善。

三、管理创新对管理者的要求

1.校长要成为学校管理创新的主体

学校管理创新的关键是学校的校长要有强烈的创新意识,有办好学校的使命感和奋发进取的价值取向。如果校长没有迫切希望改变现有的学校面貌,促使学校以及自己的管理领域取得更大业绩的使命感,他就不可能有创新意识。只有那些具有追求事业成功和永不满足的价值观的人,才会去攀登管理(事业)的高峰。

校长要成为管理创新的主体,就必须不断地掌握当代最新的管理理论知识、最新的科技动态、最新的文化发展趋势,并能将这些在自己的脑海中加以融会贯通,这是产生对某一问题有超常人看法或认识的基础。只有掌握了这些,管理者才能用新的科学技术、新的学科知识来研究分析现实的管理问题,从而可以得到不同于以往的看法、启示,这就是一种创新的灵感。

2.从实际出发,力求实事求是

学校管理要力求创新是非常不易和困难的,这里既有许多外部的客观条件和人为的制约,也有学校内部的主观因素的影响。所以学校管理改革创新既要解放思想,又要十分谨慎,要从实际出发,从本校的实际情况出发,每一项创新都必须有明确的实效而并非为了标新立异。

学校管理者要对固定不变的模式和规格表示怀疑,要对那些过时的传统、顽固落后的东西进行大胆的革新,同时也要有科学的态度,能够谨慎地、迅速地制止那些脱离实际的,未经实践证明是否可行的生硬模式的采用。对一些被实践证明有效,带有规律性的经验和传统是需要保留的。在发扬传统的基础上把事情办得更好,把学校教育和管理推向新的台阶,也就是一种创新。

四、管理创新的基本内容

1.办学思路创新

现代学校要能在市场经济竞争条件下得到更好的生存和发展,要使学校教育适应社会经济发展的要求,要把学校办成现代化的学校,首先在办学思路上要有创意,即有新的思路和方案,并付诸实施,从而形成创新。这方面主要包括新的办学方针和办学策略,学校教育资源运作的新思路,学校发展的新方式等等。近年来许多成功的、有特色的学校都是因为在办学方针、经营策略、资源的筹集与配置、发展方式上有新的思路和做法。今后,在办学自主权不断扩大的同时,新的办学思路将层出不穷。

2.管理方式创新

目前,学校管理的方式方法的探索和创新包括:新的领导管理方式,对师生员工管理方式方法的改进与发展,对德育、教学后勤等各部门管理方法的改进与创新,新的管理手段如信息技术在学校的应用,管理硬件的发展与创新等。

3.管理模式创新

管理模式一般是指作为一种综合性和全面的管理模式。它是一种具有一定内容和特点的管理模式。管理模式与组织的特点有密切的关系,能结合组织特点创造出新的管理模式并获得成功,这就是管理模式的创新。学校教育管理在漫长的历史发展过程中形成了三种基本模式,即经验管理模式、行政管理模式和科学管理模式。

其实,学校管理模式的创新既可以是全面性的,也可以在学校某一具体管理领域中作出。如教学管理模式方面,德育管理模式、人事管理模式、后勤管理模式方面,甚至包括班级管理模式等方面的创新。

4.组织机构创新

学校的组织机构基本上规定了学校组织的各个方面,它形成了学校的管理系统。组织机构科学合理,学校运转就能见到成效,各方面的积极性就能调动起来。

我国学校的组织机构改革还有许多可以改革创新的空间,如学校组织机构的设置,部门机构的职责、权限、集权与分权的新方式,组织内信息流程及网络的构建,组织机构中人际关系的安排与协调,部门岗位设置和个人才能的发挥等等。

班级管理

班级管理问题的提出

班级管理是一项复杂而综合的教育工程。过去的理论研究和实践活动虽然取得了很大的进展,但教育者真正能够掌握与应用的班级管理技术仍是简单而零散的。所以,到目前为止,班级管理照旧是一个困扰学校教育的问题。众多的班主任、任课教师关心最多,最感到棘手的往往是班级管理有效性的问题。

对教育者而言,班级与课堂管理是他们职业生涯中尤为重要的任务之一。理论研究与实践都表明,教师的班级管理技能在决定教学的成败方面起着极其重要的作用。一方面,多少年来,教师、行政人员和父母都十分关心学生的行为与学习问题;另一方面,教师的班级管理技能越来越成为影响学生动机、成就与行为的重要因素,因而,教育者采取何种班级管理手段又受到学生与父母,乃至社会的关注。因为这将直接涉及到学生个人及家长的切身利益和学校教育工作的成效,也会不同程度影响到社会的发展。

班级管理的目标

一、班级管理目标的内涵

目的性是人类活动的显著特征,管理活动更是如此。管理活动的目的具体表现为管理目标,它是管理活动的起点,也是管理活动的归宿。班级管理目标是班级成员对班级整体及每个成员发展的期望标准和质量要求,是服务于学校教育教学,并与学校教育教学工作密不可分的。

所谓管理的"起点"，意味着班级管理目标只是一种按学校要求的工作设想，它是一种对班级发展的期望或者说是班级的理想，是制订班级行动方案的依据。它的实现需要管理者的努力，需要班级所有成员的主动配合，需要与目标相配套的行动计划和切实的行动，还需要积极争取外部条件，改善周边环境。

所谓管理的"归宿"，是指班级最终所要达到的要求。虽然班级总体目标比较抽象，但是它具有层次性和可分解性，即可以分为最高目标、次级目标、最低目标；还可以在一定的时间段内提出不同的要求，以期达到统一的目标，实现班级的整体目标；我们还可以将班级目标根据内容分解为品德目标、学习目标、健康目标等。

此外，班级管理目标与教育目标既有区别，又有联系。班级教育目标是指受教育者的培养和成长方向所要达到的目标，而班级管理目标则是指班级管理者从事管理活动的方向和目标。班级管理目标的制定，以实现班级教育目标为宗旨，而班级教育目标的实现则以班级管理目标的实现为前提条件。

由于班级管理目标关系班级管理的起点和归宿，贯穿整个班级管理的过程，所以班级管理目标是班级管理工作的宗旨和方向。班级的管理者和班集体全体成员都应该牢记班级管理的目标，所有任课老师和家长也必须对此有所了解。只有这样，班级目标才能被该班级以及与班级有关的人所理解和认同，并成为相关人员共同努力的方向。

二、班级目标的作用

1. 导向作用

班级管理目标从客观上看，它体现了社会和学校对学生的基本要求；从主观上看，它体现了班级成员的理想和愿望。班级管理目标是学校教育工作目标的具体化，是学校教育目标落到实处的关键。

班级的各项活动的开展是在班级目标的指导下进行的，是围绕着班级的管理目标而展开的。作为班级中的每一个成员而言，又是在班级这个小社会中为群体的目标而生活、学习和发展的,所以说它对班级和班级中的每一个成员来说都有导向作用。由于其导向作用的客观存在,所以正确的导向可以使班集体和其中的成员健康成长;相反,片面的或者错误的班级管理目标,就会产生误导,使班级管理工作出现负效应,甚至于使学生偏离全面发展的轨道,使班级出现不正常的状态。

2.激励作用

当班级管理目标一旦成为班主任和学生的共同认识并转化为他们的自我要求时,目标就成为了大家的努力方向。这样目标就有了激励的意义,这就是说学生把进取目标当作一种激励,并从中体验到成功的喜悦。在集体活动中,当有一些人不断接近目标的要求,目标就对另外一些人产生吸引,从而成为一种激励,即班级管理目标可以成为一种驱动力量,对目标的理解可以使其变为内驱力,在集体中相互比较可以产生外在的驱动力。班级管理目标的激励作用还体现在不同班级的竞争上,虽然各班级的管理目标不完全相同,但是在体现学校要求的主要方面的方向是一致的,要求是统一的。一个班级更好地实现了目标,就意味着这个班级优越于其他的班级。班级的竞争也是实现各自管理目标的竞争,所以作为群体的激励作用也随之产生了。激励作用可以调动学生的自觉性,并产生一种无形的力量,而这种力量反过来又能使目标意识增强,使他们在实现管理的过程中感受到责任感和主人翁意识,从而提高学习和工作的效率。

3.凝聚作用

班级管理目标是班级组织行为的集中体现。它的实现需要班集体的所有成员凝心聚力,而班级管理目标具有消除班级的内耗,使班级的合力指向同一方向,从而增强班级的凝聚力。其实,班级管理目标的逐步实现过程就是同学们增进了解和共识的过程,也是增强合力的过程。

4.评价作用

班级管理目标既是一种奋斗方向,又是班级具体工作的指向;它既是预期的,又是现实的。这样,班级管理目标的实现过程,也就是个不断评价的过程。首先,在实现目标过程中做了多少、做得如何,必须以班级管理目标的既定水准进行评价。其次,在师生共同实现目标的各项活动中,又要在评价中予以调整。再次,在师生共同实现目标的各项活动中与目标的距离是以不断的评价来判断的,评价的基本标准就是班级管理的目标。所以,班级管理目标能够自始至终地体现出评价的作用。

三、班级管理目标的分类

班级管理目标的内容根据时间可以分为长期目标、中期目标、近期目标;也可以根据范围分为总体目标和分类目标,总体目标涉及班级在学校中的地位,班级对其成员的影响程度等,分类目标如学风建设目标、品德目标、学习目标、健康目标、公共活动目标等。

班级管理目标在结构上包括目标方针、目标项目和目标值。

目标方针是班级管理贯穿始终的中心和主题,是管理目标的高度概括。它必须具有方向性,即是否符合教育方针、符合学校管理目标;要有明确的表述,富有激励性;要符合学生的利益和需要,能够调动学生的积极性、主动性;能够体现出可操作性、可评价性。虽然每个班级的具体目标可以因时、因地、因班而异,但是,所有优秀的、健康的班级总的发展方向,或者说目标方针大致相同,那就是:优秀的班集体、良好的师生关系和学生的自主管理。

目标项目是目标方针的具体化内容,主要应包括以推行素质教育为龙头,以学生的全面发展为核心,以班集体建设为抓手的班级的、个人的品德要求、学习要求、体育保健、课外活动以及日常管理的要求等等。

目标值是表示目标项目的具体程度和实现状态,可用定性和定量的方式表示。用定性的方式表示目标值主要用描述的方法,这种描述越具体越具备可行性和可评价性;用定量方式反映目标值可用数字表示。定性和定量都是必要的,这样可以使得目标值具有更为广泛的适用范围。

目标值与目标项目相辅相成,互相依赖,缺一不可,因此确立合适的

目标项目,还要有切实可行的目标值。具体要把握以下几个方面:

第一,目标值要恰当地反映出目标的要求,有一定的难度,但能达到;有一定高度,但可以操作;有一定的概括性,但可以分解,可以评价。

第二,目标值的确定要对应于一定时限,不能成为无时间限制的值,什么时候达到,或是什么时候达到多少,都要有明确的时间规定;

第三,目标值的达到总是一个过程,因此在确定目标值的同时,又要确定明确的检查办法、评价方法,这样才能保证目标值的实现。如果只是订计划时提出目标值,而又只在总结时去检查评价,就容易使某些没达到的要求难以弥补。

第四,目标值必须是可确定的,量化部分的设定要科学准确,要考虑到相关条件,定值与权重都要合理;定性部分的描述不能空洞、不着边际,要有具体的评价考查标准。

四、班级管理新目标

1. 不同班级的形态及其管理目标

(1)管制型班级

管制型班级指的是以严格管理学生、维持学习秩序为最高目标的班级形态。在这样的班级中,班主任往往不大会考虑"班级教育",而只会考虑处理班级事务工作的"班级管理",而且,班级管理本身被当作维持教学秩序和学校工作秩序的手段。即使班级管理被纳入学校德育系统,班主任被当作德育工作者,相关的德育活动也主要限于完成上级布置的"德育"事务,或以"行为规范教育"为名,纠正学生在班级秩序方面的问题行为。

其管理目标即在班级建立严格的规范,以便有效地控制学生,保证传授知识和落实德育的秩序。

(2)学习型班级

学习型班级指关注和利用集体学习氛围或集体思维,以达到知识学习这一最高目标的班级形态。在我国一些教学水平较高的,但对班级教育不很关心的班主任那里,实际形成的班级往往就属于"学习型班级"。据我们所了解,虽然有不少学者或班主任强调要让学生在这种班级中获得比知识学习更广泛、更全面的发展,但这些方面的发展仍附属于各门课程的学习,也就是说,班级管理是围绕着学习活动进行的。

其管理目标是以知识学习为中心,通过教师的指导、学生的主动投入及师生、生生相互作用而形成的集体学习氛围,以完成学习任务。

(3)团结型班级

这种形态的班级,强调以集体主义或班级整体形象为核心,统一思想和行为,因而呈现出班级成员团结一致的特点,故以"团结型班级"命名。相比之下,现在已经很少有人绝对化地坚持这种主张,而是同时关注学生个性等方面的发展,但是,在学校教育现实中,这种班级形态仍有明显的体现。

其管理目标是以"社会—个体"关系作为最高参照维度,强调在班级中形成共同的价值、活动目标与任务以及具有高度凝聚力、高度组织化的群体。其中,有的班级关注通过形成集体的过程来发展学生的个性品质,有的班级强调学生集体应在班级发展中发挥主体作用,而不仅仅是接受教师的管理和教育。

(4)自主型班级

这主要是指我国自20世纪80年代以来许多地方开展教育改革时逐步形成的一种班级形态,即让学生逐步自主管理班级事务,同时培养学生自主能力的班级形态。目前,这种班级形态仍受到极大的关注,在许多地方属于班级教育改革中正努力追求达到的理想状态。

其管理目标为班干部能自主制订班级活动规划并有效实施,学生能够互相协作共同完成各项任务,从而自主处理班级事务。此外,这种班级还特别关注发展学生的个性、特长,因为要真正自主管理好班级,不可能仅仅依靠统一的思想、单调的组织能力及一致的生活内容。

(5)民主型班级

这是我们主张建立的新型班级,也是我们在多年的班级教育改革中已经建立起来的班级形态。这种班级强调让每一位学生都充分展现自己的精神世界,以平等的身份民主地参与班级事务,共同创造一个精神家园,并在此过程中提升个体的生命意义。

其管理目标是让每一位学生都能充分展现自己并形成主动发展的动力和能力,使班级成为提升个体生命质量的精神家园。

2.新型班级的总体目标

在以上五种班级中,当代学校教育最应该追求的就是建设最高境界的民主型班级。相比于已经较为常见的其他四类班级而言,民主型班级可以被看作新型班级。

民主型班级应该借鉴以往班级管理中的可取经验,包括一些具体的方法和形式。但是,最重要的是,班级管理不应满足于维持秩序,不应满足于形成集体学习氛围,不应满足于形成团结精神和统一意志,不应满足于就事论事的自主活动,不应满足于自主管理能力的发展,也不应满足于形式上的民主,即共同参与、平等交往的形式,而应该追求让每一位学生的成长需要尽可能被充分地关注,使他们能在这个复杂变化的世界中掌握自己的命运,并在主动参与创建更合理的集体的过程中最大限度地发挥自己的潜力。

民主型班级的目标,需要从具体的学生个体的角度来考虑,因为这是教育最终得以落实的具体对象。只有让每一个学生都得到更好的发展,我们才能谈到班级的发展以及学校的发展。从具体的学生个体的角度来看,民主型班级能让每一位学生都充分展现自己并形成主动发展的动力和能力,从而使班级成为提升个体生命质量的精神家园。从班级角度来看,每一个学生群体和班级整体都能成为学生个体的心灵之家,成为拓展精神世界,提升生命质量的团体。

学校教育中班级管理的功能

在人类社会发展过程中,班级的产生对整个社会产生了深远的影响,从而体现出其对于社会教育发展的重大价值,班级是个体学习发展的微观环境。班级所发挥的功能可能是正面的,也可能是负面的,班级管理的目的就是为了最大限度地发挥它的正面功能,限制以至消除其负面功能,从而使学校教育工作更加完善。

一、社会性功能

1. 促进儿童社会化

儿童社会化是整个国家和社会得以持续发展的一个重要基础,儿童社会化主要是指儿童通过学习逐渐掌握适应其所属社会的各种知识、技能和行为规范,取得社会成员资格的过程。在这个过程中,人与人之间的交往显得尤为重要,而班级就为儿童社会化提供了一个较好的平台。在班级中,一方面,教师通过教育与教学,有目的、有计划地向班级学生传递社会所要求的价值观念、道德规范,传授作为一个社会成员应掌握的一般知识和生产技能,从而促进班级成员的社会化;另一方面,班级作为一个由教师、学生所共同组成的集体,儿童在处理、协调与他人关系的过程中,不断地学会遵从社会共同的价值体系、认识自己与他人及社会的关系,学会行使自己的权利和履行自己的义务,从而促进其社会化的进程。

2.提高学生的“做事”能力

学生在班集体里通过学习和掌握系统的文化科学知识、技能,提高认识世界和改造世界的能力,亦即提高学生的“做事”能力。

学校教育以传授知识、技能为基础来促进人的社会化。班集体成员间的积极互动,如适度的竞争与友好的协作、学习心得的及时交流、学习态度和方法的互相参照以及勤勉的学习风气的熏陶,对每个学生都起到激励、启发的作用。通过学习和掌握系统的科学知识、技能,学生大大增强了认识自然和改造自然、认识社会和改造社会的各种能力,为日后承担社会职业角色及进行各种社会活动奠定基础。

3.为培养合格公民奠定基础

学生通过班集体中规范化的组织机构扮演各种社会角色,培养公民品质,为做一名合格公民奠定基础。

班集体不同于一般的日常生活的联合体,它是为了有效地达到教育目标而有计划地建立起来的一种机构。虽然不完全等同于一般社会组织,但具有一般社会组织的基本特点。为了实现共同目标和完成各种任务,班集体中设有自治机构,并规定了各个成员的角色、地位、职责、权限,为成员间的协作提供组织保证。正因为如此,班集体成员在共同活动中就形成了责任与权利、指挥与服从等社会关系。正是这种社会关系,培养了学生的组织纪律性和责任心。领导有方的班集体是通过不断变动的组织机构,把集体成员轮流地置于不同的角色地位,让每个成员都参与集体的管理,既学习当领导者,又学习当执行者,既善命令,又能服从,这样的班集体就成为学生体验社会角色,培养社会责任感和公民意识的重要场所,成为公民教育的有效手段。

二、个性化培养功能

所谓个性化是把自己本身的存在看成个人的,并进而追求与人不同的方式去行动。个性化方面的构成要素包括自我概念的发展;自尊心和成就动机的发展;行动、认知、智能、兴趣、思想情绪等所有方面的综合发展。

班级必须努力发现每个学生个性的潜在差异及形成这种差异的条件,进而根据潜在的差异确定可能的塑造方向。

首先,通过丰富多彩的集体生活和集体活动,培养学生不同的兴趣、爱好、特长,形成和发展学生各具特色的能力。在班级中,各种内容和形式的活动,给性格各异的学生提供了较多的选择机会,从而强化了学生的个性差异。另一方面,个人在施展才能,实现自我的过程中需要他人的合作和精神上的支持、鼓励,这些都在班级群体中得以实现。

同时,通过学生之间的相互比较和评价,促使学生自我意识的发展,形成个人的独特个性。形成独特的个性,必须有一定发展水平的自我意识作基础,也就是说,学生自己要意识到“我”和别人的不一样,明确在不同的社会情景中“我该怎么办”。在班级中,学生通过与伙伴的相对比较,得到自我与他人的评价,通过了解别人的态度和意见,来加深或纠正自己的认识,逐渐从"群体"中分出"自己",发展自我概念,形成独特的个性。著名教育学家苏霍姆林斯基认为班级的这种功能是集体精神生活中极为重要的一点,是集体中教育艺术的秘诀之一。他认为,不通过别人的态度并与别人相处,一个人是无法培养自己独特的品格的。实践证明,健康的集体舆论与班风良好的班级,有利于形成学生健全的自我概念和积极的个性品质,而班风不正、集体舆论恶化的班级,则会降低学生的"自我"发展水平和养成消极的个性品质。

此外,通过性质和内容各异的集体活动和人际交往,塑造学生的性格,形成各具特点的个性品质。

在班级中,由于学生所处的角色地位、活动内容以及交往的对象及范围的不同,形成他们各自特有的需要动机、价值观和伦理观,从而影响着他们对现实的态度和行为方式,形成个人间的性格差异。良好的班级群体能通过有意义的集体活动与积极的人际交往,促使学生形成健康的个性品质。

三、调整性功能

以往人们在探讨学校教育中的班级功能时,往往只限于班级对学生的作用,而忽略了班级对教师的作用。这也许与以往人们把教师看成是班级的管理者,处于群体之外而并非是构成班级群体的成员有关。实际上,在班级中,班级生活的构建是师生之间、学生之间共同作用的结果。其中,师生之间的相互作用占据着重要的地位,可以说是班级生活的主要部分。班级中缺乏了教师,也就不能称其为完整的班级。

对于教师来说,他们既是班级中的一个管理者,同时也是班级的成员,处于班级群体关系之中的教师与处于班级群体关系之外的教师,其认识和行为有很大的不同。教师在班级中的管理方式或教学行为,对教师来说是一种实践活动,实践的结果——班级群体的状态对教师具有反馈作用,教师据此来修正调整自己的行为。另外,教师实践的对象——

学生是具有主动性、独立性的人,学生也以特定的方式在行为上、思想上作用于教师,使教师的行为或认识尽可能满足自己的需要,这也对教师的行为具有调整作用。师生双方在行为、认识以及需要方面一致性的达成,有利于班级整体功能的发挥,也有利于教师角色的社会化。

四、完善性功能

由于传统的学校缺乏班级这个基层细胞,从而表现出教育和教学效率不高、不能满足广大人民群众的受教育需求等缺陷,而班级的出现就较好地弥补了这一局限,最大可能地完善了学校的教育功能。由于班级是由一群处于相同发展水平的学生组成,一方面通过教师有计划、有目的地对班级学生实施教育与教学,从而达到教育的目的;另一方面,班集体也具有巨大的教育影响功能,在班级中通过人与人之间的相互交往,能很好地促进学生的个性发展,同时也能培养学生的自我教育能力。随着班集体的建立和发展,学生的自我教育也能提高到自觉的程度,学生在班级中能较好地学会自己管理自己,自己教育自己。

班级管理对学生发展的影响

一、班级与学生的发展

班级作为学校教育中学生日常学习最为集中的场所,它的存在对于学生身心健康的发展具有重要作用,主要体现在以下几个方面:

首先,班级能够促进学生体质的增强。青少年学生正处在身体发育的关键时期,他们精力旺盛,而班级的存在,通过开展多种有组织的班集体活动,可以锻炼他们的身体,增强他们的体质。同时,班级还能够促进学生知识的增长。学生在班级中,一方面在教学过程中有计划、有步骤地掌握各个学科的知识,另一方面也在各种班级活动中,通过各种感官去感受事物,通过接触各种人与事,获得各方面的知识,开阔视野。

其次,班级能够促进学生良好个性的形成。学生的个性品质、兴趣,能够在班级中得到巩固、发展和调整。在班级中,学生通过与同学的相互交往而变得活泼开朗,或是通过承担各种班级事务而变得冷静、稳重。

此外,班级能够促进学生实践能力的提高。学生能够通过参加各种丰富多彩的班级活动,在活动中不断地看、听、想、说、写和做,各种活动都身体力行,从而提高了自身的实践能力。

有这样一则案例:

我与班级共成长

2004年盛夏,我们迈进了这所陌生校园的大门,一双双炯炯有神的眼睛里,对任何事物都感到那样的新鲜,我们充满了朝气和活力,携手走过了两个春秋。欢乐和欣喜在这里被释放,寂寞与忧愁在这里被冻结。

在我来一中之前,我一直是一个学习好,很听话的乖乖女,不懂得班集体是一个什么概念,也不会自学,工作能力也很差。但当我来到一中后,我和同学们相处得很好,也真正体会到了团结就是力量。由于我们的团结与努力,我们班多次获歌咏比赛一等奖、优秀班级等荣誉称号。原来,这就是班集体的力量。

上初二后,我们的班主任老师带领我们学习了杜朗口的学习模式,更加提倡我们进行小组学习、探究学习。刚开始,我们感到很别扭,跟不上老师的思路,渐渐地,大家学会了用这种新的学习方法。这时,我才发现,这样的学习效率比平常快好几倍呢!成绩也随之提高了。"适合自己的才是最好的",我开始理解这句话的真正含意。

让我深有感触的,也是这两年来班级给予我最多的,是我的综合能力素质的提高。小时候,父母为了培养我的综合能力,让我学习钢琴、舞蹈,而我在班级管理方面的能力一直很差。来到一中后,老师毫不犹豫地把班长这个重任交给了我,我有点犹豫,没有自信,老师却说:"放开干,老师看中你,相信你有这个能力,能做好领头雁。"老师的信任,给了我莫大的鼓励,我暗暗下决心:加油!

是我的班集体,让我离成功更近,让我敢于抬起头,向着未来,勇敢向前。

二、班级管理突出学生的主体地位

目前,中小学的教学实践活动明确突出了班级管理中的教育主题,即培育新人。这一教育主题在新时代的具体表现,就是培养每一位学生主动发展的意识和能力,提升他们的精神生命质量。

1.明确班级管理中的发展主体

首先,我们从班级管理实践中听到一种呼唤:如果我们选择以"提升学生的精神生命质量"为班级发展目标,那就需要更明确、更充分地发挥班级中的发展主体的作用。这是因为,只有明确了班级管理中的发展主体,我们才能根据主体的需要主动提炼出班级管理中的教育主题,然后,才有可能根据教育主题形成学校教育工作的主线。

同时,我们认同这样的观点:教师和学生是教育活动的复合主体。作为独立主体,师生各自扮演的角色和必须完成的活动不可相互取代,因此他们具有相对独立性。但在另一方面,两类主体只有处于交往中的对话状态,开展相关活动并使教育活动逐步通向目标,才能在完全和真实意义上构成教育活动。同时,他们在教育活动中互为主客体,使得各自的活动都面对复合的客体(即一方面是活动内容,另一方面是活动的其他参与者)。因此,师生是教育活动中的复合主体。如果只说其中任意一方是主体,而把另一方置于客体地位,这样的论断就过于简单化、片面化了。

就班级管理这一综合性教育活动的整体而言,教师(包括班主任和科任教师)与学生属于复合性的教育主体。它是师生合作进行的,为促进学生社会性的形成和个性健康、主动发展而开展的学校教育实践,是学生在校社会性学习生活的重要组成。不过,为了便于有效地开展班级管理,可以进一步突出学生作为发展主体的地位,而不只是将其作为教育活动的复合主体之一。

2. 学生作为发展主体的体现

突出学生作为发展主体的地位,并非忽视教师的主体作用。恰恰相反，这是为了让师生的主体作用得到更好的发挥。应该看到，与各门学科的课堂教学相比，班级管理这一教育活动的目标更鲜明、更直接地指向"育人"，尤其是在培养个体追求主动发展的内在力量方面，即发展学生自我意识与成长需要，增强他们的内在力量；而在另一方面，在改变学生传统地位和角色、提升学生发展需求与能力这两方面，它也确实有可能发挥不同于"课堂教学"的作用。

首先，就学生个体与班级整体的关系而言，班级整体的发展最终是为了有助于班级中的每一个学生个体的发展，而不能反过来说，个人的发展是为了群体的发展。

诚然，学生个体的发展与班级整体的发展是同一过程的两个方面，它们之间互为因果，而且，个体成熟的标志之一也是他理解和融入人类共性的程度，不过，无论是从抽象的理论思考的角度看，还是从具体的实践操作的角度看，都有必要突出学生个体作为"具体个人"的角色，并防止有意或无意地用"抽象的人"替代"具体个人"，从而造成对每一个具体的学生个体的忽视。

其次，就师生关系而言，师生作为复合主体的共同作用指向的是学生作为发展主体的成长。

尽管师生都属于教育活动的复合主体，不过，在不同的教育活动领域中，他们之间仍存在一些差异。在课堂教学中，教师所具有的学科素养，使得教师在教学活动中居于重要的组织者、引导者地位；而在班级管理这一教育活动中，班主任固然要对班级的发展承担具体的责任，但班主任发挥作用的方式，更多在于幕后的支持、鼓励、帮助，学生则更多地走到前台，自主地开展班级教育活动。也就是说，在班级教育活动中，教师的任务直接指向学生的社会性和个性发展，并在价值导向和策略性选择等方面发挥更大作用，而学生则具有较之课堂教学更大的自主决策、践行、锻炼与发展的空间。

此外，将这些观点进行归纳可以看到：在班级教育中，师生作为复合主体的作用,就在于让学生成为真正的发展主体,即让学生越来越充分地掌握自己的发展主动权,越来越主动而有效地拓展自己的发展空间,越来越充满智慧地提升自己的发展质量。当然,从教师自身的发展角度来看,教师也是自己发展的主体,如同每个个体都应该是自己的发展主体一样。

三、班级管理对学生发展的具体影响

1. 有助于学生学习成绩的提高

学生在学校的一个主要任务便是学习科学文化知识,一个班集体的优秀与否很大程度上取决于学生的学习成绩。通过合理、有效的班级管理,如严格要求上课前的准备、严把作业的质量关、对课堂及自习课的纪律要求比较严格、班级学生安排的座位合理、发挥班干部的模范带头作用等措施可以起到一定的积极促进作用,不仅能使某个学生的成绩稳步上升,同时也能形成良好的学习氛围,使整个班级的学习成绩有所突破。

2. 有助于健康班集体的形成

合理、有效的班级管理最直接的一个结果便是促进健康班集体的形成,建设一个健全的、合理的、高效的班集体是班级管理的中心工作。合理、有效的班级管理不仅能建立民主、平等、和谐的师生关系,同时也能创设良好的班级环境,使学生在其中能感受到温馨和舒适;不仅能形成一个坚强的班级核心,使一大批得力的班干部紧密地团结在班主任周围,同时也能制定、修改与完善班级的各种规章制度,使班级形成一种积极向上的良好文化氛围,从而促进学校教育工作的开展。

3. 有助于学校德育要求的落实

学校教育工作的首要任务就是学生的德育工作。在德育工作的评价上,任何学校都是以班级为评价单位的,而班级德育工作的对象是人,是学生,人是有思想的、有感情的,人的发展是存在潜在性的。因此,合理、有效的班级管理能较好地发挥这种存在潜在性,通过各种具体可行的举措,整体提高班级的德育水平,使所有学生都能达到学校的德育要求,比如在仪表发型、日常的行为习惯、遵守学校的各项纪律、卫生习惯等方面,从细节

着手,强化学生良好行为规范的养成教育;从具体小事抓起,建立、健全一系列班级管理制度,从而在德育要求上取得实质性的成效。

优秀班集体形成的标志

一个班级是一个集体,有着共同的追求与愿望,有特定的教师与学生,有相同的快乐与痛苦……就在这个集体中,可以感受到同学之爱、师生之爱;体验到班级的归属感与荣誉感;明白集体的力量与个人的价值;享受班级的温暖与成长的快乐;真真实实地实现人生的自我价值。

学校教育活动中一个优秀的班集体,能够让大部分学生感觉到这是一个令人开心、愉悦的班级,一个有助于他们健康成长的班级。

一、具有良好的班风

班风是学生思想、道德、人际关系、舆论力量等方面的精神风貌的综合反映,良好班风一般具有以下几个标准。

1.有正确的舆论氛围

正确的舆论氛围是形成班集体良好风气的基础。一个班级只有在正面的舆论引导下,并具有正面舆论的主动性和战斗性,整个班级才能使正气得以发扬,不正之风不得施展。

2. 有积极的进取精神

良好的班风也体现在整个班级的进取精神上。只有每一个同学都有积极向上的精神面貌,既有一致的目标,又有强烈的竞争精神,这样的集体才能够保持良好的整体面貌。

3.有良好的集体作风

良好的集体作风是良好班风的一种体现。良好的集体作风能使班级中的每个同学既文明礼貌,又训练有素,既朝气蓬勃,又能令行禁止,从而呈现出一种积极的、良好的班级风气来。

4.有和谐的人际关系

和谐的人际关系往往能使班级更具有凝聚力,是良好班风形成的保障。如果一个班级中,人际关系和谐,绝大多数学生团结协作,就能很好地保证班集体的步调一致,才能够保证班级管理的目标顺利实现。

二、共同的班级目标

共同的班级目标是形成班集体的首要条件。几十个学生聚集在一起,如果没有共同的目标就无法形成团结友爱的集体。相反,在优秀的班集体中每个学生都会了解和拥护班集体的目标,并深刻体验到集体的力量和协作精神,认识到自己在班集体中的价值。集体的目标并不是个体目标的重叠部分,也不是众多目标的简单相加,而是各种不同目标整合的结果。这个目标一方面为每个学生所接受,一方面又与学校教育目标相符合。集体的目标决定着集体的行为,没有共同的目标,也就没有共同的行动。作为一个优秀的班集体,只有形成了共同的奋斗目标,才能够保证集体行为具有一致的方向。班集体的目标在宏观层面上来看,又是学校教育目标的子目标,因此,必须与学校教育目标保持高度的统一。为教师、家庭、学校、社会所赞许,同时,班集体的目标也要为每位成员所理解和接受,使其成为个人目标的有机部分,并使学生个人的目标能在集体目标实现的同时得以实现,使每一个学生都能得到最好的发展。

三、健全的班级组织

当学校组织班级时,班主任则被任命为班级的领导者,成为班级的一员。但班主任毕竟不是随时随地都与学生在一起,所以由学生组成的班级领导、管理机构就必不可少了,它包括班委会和团队组织,班干部、团队干部开始可以由教师指定,当学生们都熟悉以后则应当由学生、团队员选举产生,这两个领导机构都需要得到学生、老师和学校的正式承认。

与此同时,班干部、团队干部在班级活动中起着核心的作用,他们依据集体的目标组织班级学生的活动,使学校的教育目标在班级得以彻底贯彻和实现,协调集体目标与班级学生的个人目标,团结同学,使班级具有凝聚力。在一个良好的集体中,如果班干部和团队干部的管理富有成效,就能很好地维持班级的正常秩序,督促同学遵守纪律,解决班里出现的问题,保证教学活动与教育活动的顺利进行。班委会、团委会本身是班级这个大组织中的小组织,是班级的核心和神经中枢,要担负起调节整个班级活动的任务。班级中设立的平行小组,各科兴趣小组等,是最基层的组织,是进行特色活动、开展合作和竞争的基本单位,是可以利用的重要管理资源。

一个良好的班级除了班干部、团队干部、小组长和科代表以外,还应有一定数量的积极分子。如果说班干部、团队干部对班级学生的影响是正式的,那么,积极分子对其他同学的影响则是非正式的。在一个集体中,成员之间具有互动作用,班级积极分子对其他同学起着积极的潜移默化的作用。

四、协同合作的班级理念

同班同学之间虽然有竞争,但是更重要的还是合作,在当今社会中学会合作不仅是重要的,而且是必不可少。合作理念的重要意义主要体现在以下几个方面:

1.合作可以化解冲突

国际 21 世纪教育委员会向联合国教科文组织提交的报告《教育——财富蕴藏其中》中,将学会共同生活誉为现代教育的四根支柱之一。该委员会认为"人类历史始终是一部冲突史。……特别是人类在 20 世纪期间创造的奇特的自毁能力,正在增加冲突的危险。通过传播媒介,广大公众成为那些制造冲突或维护冲突的软弱无能的观察者,甚至成为他们的人质。在消除冲突、建立合作、增进友谊的过程中教育不仅是大有可为的,而且是最有效的。"

2.合作是竞争的需要

现代社会竞争无处不在,无时不在,国与国之间,机构与机构之间,人与人之间都存在着竞争。竞争与合作似乎矛盾,其实并非水火不容,往往正因为竞争才产生了合作。欧洲共同体就是在经济竞争中产生的合作典型,现在已发展成欧盟(欧元区);企业之间的兼并和强强联合也正是由于竞争导致了合作。从某种意义上说人类社会的进步是竞争的结果,而进步的结果又加剧了竞争,竞争越激烈,合作越普遍。近几十年诺贝尔奖的成果大多是合作的产物,"阿波罗登月计划"吸引了数以千计的科学家共同参与;近年对宇宙反物质的研究汇集了全世界许多国家的著名科学家的智慧,大家围绕着一个总体目标,分工协作,合作研究,共同探索。

3.合作是社会分工的需要

现代社会分工的日益加深,每个人的生存与发展都与其他人紧密相连,合作是不可避免的。在自给自足的自然经济状态下,人们的生存对整个社会的依赖性不强,在商品经济高度发达的现代社会里,每个机构都是社会发展链条的一个环节,而每个人则是构成这种环节的千千万万个分子中的一个,人与人之间只有相互合作才能减少摩擦和内耗,发挥整体效用,从而推动社会的发展;也只有合作才有利于单个人自己的生存与发展。

新型班级的管理目标

多年来的学校教育改革中,我们已经建立起来了这样一种民主型的新型班级,也是一种教育工作者主张建立的,适应班级管理发展的班级形态。

民主型班级强调让每一位学生都充分展现自己的精神世界,同时,班级成员能够以平等的身份民主地参与班级事务,共同创造一个精神家园,并在此过程中提升个体的生命意义。

一、管理目标的特点

1. 规定性

规定性是指班级管理目标既规定着班级管理工作应达到的水平程

度,又规定着学生素质发展的质量标准特性。任何规定既包含定量化的规定,又包含定性化的规定。前者是指用标准数据或数量关系来规定工作质量和学生质量的规定性。后者是指用标准状态或指标体系来规定工作质量和学生质量的规定性。其实,最理想的规定性是定量化和定性化的有机结合。

2. 方向性

方向性是指班级管理目标规定的学生质量必须符合社会主义市场经济对人才素质的基本需要的特性,即具有优良合理人格的人才。否则,班级管理目标就失去了社会价值和教育价值。

3. 层次性

层次性是指不同层次的班级管理目标之间有从属和递进的关系,下层目标的实现是上一层目标实现的保证的特性,即目标的层次越高,其战略性和概括性越高;反之,则体现出它的战术性和具体性。譬如从心理素质目标、认知素质目标、思维素质目标、思维的敏捷性目标到迅速反映能力目标,它们的概括性依次减小,具体性依次增强,即越来越具有操作性。

4. 多样性

多样性是具有相对独立性的不同班级管理目标呈现出多种多样的特性。这种多样性,横向来看,呈现出类别的多样性,如既有科学决策、组织实施、检查评估、总结提高等工作质量目标,又有社会素质、心理素质、生理素质等学生素质目标。纵向来看,呈现出层次的多样性,如世界观目标、人生观目标、价值观目标等。

5. 可分性

可分性是指一个大目标可以分解成若干个小目标。譬如人格素质目标可以分解成社会素质目标、心理素质目标、生理素质目标等;又如世界观目标可以分成自然观目标、社会观目标、人生观目标;道德感目标可以分成爱国感目标、集体感目标、荣誉感目标、尊严感目标、义务感目标、自豪感目标、友谊感目标、互助感目标,等等。这就要求班级管理主体在班级管理实践活动中,将高层次的宏观目标分解成更具体、更明确、更切实的微观目标,通过实现具体切实的微观目标,来确保宏观目标的实现。

二、管理目标的功能

1. 引发功能

引发功能是指班级管理目标能引发班级管理主客体的教育管理需要,成为管理班级的动机,且支配其进行班级管理活动的作用。相反,如果没有班级管理目标,班级管理主客体进行班级管理的主观需要就无法被激活的话,班级管理也就无从谈起。

2. 评价功能

班级管理目标既是一种奋斗方向,又是班集体实施工作的指向,它既是"抽象"的,又是"现实"的。这样,班级管理目标的实现过程,也就是个不断"评价"的过程。首先,在实现目标过程中做了多少,做得好坏,必须以"目标"的基准进行评价。其次,在师生共同实现目标的各项活动中,又要在"评价"中予以鼓励,全班师生在实现"目标"的过程中与"目标"的距离是以不断的"评价"判断的。"评价"的基本标准就是班级管理的目标。

3. 凝聚功能

凝聚功能是指班级管理目标对班级全体师生进行班级管理活动的认知态度和动机行为具有凝集聚合的作用。具体表现为班级全体师生在班级管理活动中,相互配合,相互协调,团结一致,齐心协力,统一行动。否则,将会表现得各自为政,我行我素,甚至内耗丛生,冲突四起。

4. 激励功能

激励功能是指班级管理目标对班级全体师生进行班级管理活动具有激发鼓励的作用。激励作用主要表现在以下两个方面:

(1)明确具体、切实可行、合乎需要而又现实可能的班级管理目标,对学生个体、学生群体、班集体具有激发和鼓励作用,能使学生个体积极主动,创造开拓;同时,能够使班级整体进行自我管理、自我发展完善。

(2)班级管理主体会自觉主动地提高班级管理绩效,争取最有效地达到目标规定的质量标准。

5. 标准功能

标准功能是指班级管理目标对进行班级教育管理实践活动具有标尺准绳的作用。这种准绳作用既体现在它是进行班级管理活动的质量标准,又体现在它是检评班级管理效果的标尺依据。否则,班级管理活动既不知要达到什么样的水平,又失去了检评绩效高低、效果大小的依据和准绳。

三、班级管理目标的确定过程

1. 分析现状

班级管理目标是指向未来的,但又要立足于现实的基础之上,因此,在制订班级管理目标时,必须认真分析现状。

首先,要客观地分析以前的管理工作,寻求可以作为制订班级管理目标的依据。有哪些成功的经验? 有哪些失败的教训? 为什么? 其中哪些因素能够继续发扬? 哪些需要作为鉴戒? 特别应当考虑的是,在当前深入进行教育改革,全面推进素质教育的新形势下,哪些是适应成分,哪些是不适应成分? 应做到心里有数。

其次,要科学地分析班级的现有条件,寻求制订班级管理目标的物质基础。在人力上,要考虑现有的在班学生、班干部的实际数目,还要考虑班内任课教师的政治素质和业务素质现状,估计通过教育和管理可达到的最高和最低的教学要求水平等。在物力上,要考虑现有的管理设施、管理资料、管理手段等实际情况,按照现代管理要求,它们的适应程度如何,薄弱环节能否在近期内得到改善。还要考虑近期内能够改进或更新的管理设备等。此外,在财力上,要考虑现有的班费中,能够保证用于管理的最大限额,如何发挥微薄的班费的最大经济效益;还要考虑能够挖掘的潜力和可能创造的有利条件等。

2. 整合信息

信息是决策的依据、控制的基础。只有掌握了来自各方面的信息，才能使预定的目标具有预见性，才能使班级管理适应形势的发展。因此，在酝酿班级管理目标时，参与人员必须注意获取信息、整合信息。管理部门把这些外部信息与内部的资料结合起来，便能够作出关于预期结果的估计。班级是为社会培养人才的基层组织，因而，就要把眼光放在社会的广度上去整合信息。

3. 把握理论

经过分析现状、整合信息，形成初步的目标构想之后，把握理论这项工作显得更为重要，因为理论往往是正确观点的科学依据。无论是哪类班级，制订班级管理目标，必须吃透党和国家有关教育的方针政策以及各级主管部门关于教育教学的文件和指示精神；还应当掌握有关教育教学的科学理论，诸如现代管理和现代教学方面的理论，以及教育学、心理学、教育心理学、组织行为学等，以明确班级管理的方向，进而将目标构想变成切实可行的管理目标。

4. 确定目标

在进行班级管理目标确定的过程中，应明确班级的管理目标与教师"教"、学生"学"的能力水平和有关人员的教学服务水平都有密切关系。因此，确定班级管理目标，不仅应注意到学生的学习质量目标，还应考虑到教师的教学质量目标和其他有关人员的教学服务质量目标等基本内容。三个方面相辅相成，互为影响，缺一不可。

四、新型班级的发展目标

1.教师成为发现者和创造者

师生是教育活动的复合主体，没有教师的主动发展，就难有学生的主动发展。教师是学生发展可能性的发现者和创造者，他们利用自己的智慧和心灵，了解、感受和辨析学生生活中的各种现象，从中发现和创造新的发展可能性。

实际上,让学生个体与班集体成为相互促进的精神生命体,一个关键的因素就是教师拥有更为博大的胸怀和高尚的心灵。称其博大,是因为教师要能真诚而宽容地面对学生的一切真实生活内容,无论是阳光还是风雨,是快乐还是忧伤。称其高尚,是因为教师不仅要宽容,更要善于点拨学生的思想,提升学生的精神生命质量。无论我们的学生多么幼稚或者多么复杂,我们都要尽力从他们身上找到发展的可能性,并且通过我们的专业工作,将这种光明的空间尽可能展现在他们面前,让他们走进这一阳光地带,甚至让他们学会从风雨之中创造出属于自己的阳光地带。

2.学生成为民主参与班级生活的主体

学生是主动寻求自身健康发展的主体。他们拥有潜在的主动发展动力,也需要在复杂的社会生活中提高生命质量。他们的发展需要应在班级生活中得到关注,教师应激发他们的发展动力,使他们形成主动发展的能力。从这个角度看,我们可以从当代人本主义心理学和心理辅导、心理健康教育中得到一个重要启发,就是要相信每一个人都有主动发展自己的潜在可能性,而教育所要做的就是发现这样的可能性,精心呵护和培养它,让这种主动发展的意识和能力被学生自己意识到,并促使他们努力发展它,让这种主动发展的可能性转变为现实的发展力量——既为学生个体,也为他们主动融入的集体和社会。

就班级教育来说,应该尊重每一个学生个体、每一个学生群体和整个班级的主动性、积极性以及学生之间的差异性,让每一名学生都可以成为民主参与班级生活的主体。

3.班级活动焕发生命活力

在民主型班级中,需要根据学生个体和群体的需要,从班级成员之间相互作用、学生与家庭和社会相互作用的角度创造班级活动。这样,班级就成为学生展现多方面才能、主动实现全面发展的舞台,个体在参与班级事务和各项活动的过程中与同伴一起营造具有自我更新功能的、开放性的民主型班集体。

其中,班级活动的主题与内容不再是单方面地由上级或教师预先安排,班级活动更不是为了完成上级布置的任务或说教而组织,而是应将社会要求、学校要求与学生真实的生活内容结合起来,着眼于学生个体和集体的发展需要,在全体班级成员共同参与讨论的基础上对班级活动的内容进行选择或创造。在此基础上,还应采用各种形式,发动全体成员出谋划策,完善班级活动方案,共同实施活动,使之成为展现才能、拓展视野、提升品位的平台,使学生的生命活力充分地焕发出来。

4. 班级文化充满成长气息

在我们看来,班级的重要价值就是促进学生的精神生命成长。为此,班级中的显性标志、物化作品和心理环境、深层体验,都应该为学生的阳光生命而存在,让学生的生命成长气息渗透在班级中的每一个领域、每一个阶段、每一个要素之中。能够包容如此复杂而又具有整体性的内涵的,当属班级文化。

首先,通过民主方式生成和完善班级制度。当代教育要适应当代中国社会走向民主和法治的趋势,在师生、生生交往中既强调培育独立的人格,包括具有整体性、丰富性的生命内涵,也强调根据班级生活的需要创造并遵行一定的规范。为此,可以根据学生的发展和班级生活的需要,民主设立各种岗位,并在民主评议岗位负责人的行为表现的过程中,认同和创造合理的班级生活规范,逐步完善班级的管理制度。即使是由上级部门颁布的"学生守则"或"行为规范"等文件,也应该交由学生进一步讨论,甚至是辩论,因为未经自觉理解和理智辨析的规范往往只能被盲目愚昧地执行。事实上,在讨论和辩论中,学生们的理解往往会更具体、更深刻。

其次,教室环境更充分展现学生的成长状态。教室,不仅仅是一个物质空间,更是一个心理空间,它是为学生的成长而专门营造的一个空间。因此,民主型班级应该特别关注教室环境,让它从多方面反映学生的精神生活,反映精神生命的成长气息。发动学生主动设计和具体布置教室环境,就为达到这样的效果提供了机会。如果再加上班主任充满专业智慧的点拨,这种机会就能为学生营造更大、更好的发展空间。

5.班级关系和谐温馨

在民主型班级中,师生关系更多的是用心发现者与主动展现者、促成发展者与主动参与者的关系。这就是说,教师为学生的主动发展提供机会和点拨,包括主动发现学生的发展空间,为学生提供展现精神生命的机会,让学生感受自我发现、主动发展的教育过程。学生逐步学会主动敞开自己的胸怀,主动关心他人,并在与他人的交往中共同创造美好的集体生活。

每一位学生都在创建民主型班级的过程中实现主动发展。其中,尤其重要的是,通过师生交往和生生交往,学生逐步形成清晰的自我意识和主动发展的能力,在参与集体生活的过程中丰富个体的生命实践,提升个体的生命质量。每一位学生的真实生活内容,都可以成为班级发展的资源;每一位学生的真诚努力,包括与他人的合作,都可以成为班级发展的内在动力。

班级文化建设

班级管理中的文化建设旨在让学生的精神生命处于一种朝气蓬勃的发展状态,同时,能够在和谐美好的班级环境中与同伴、老师加深彼此的交往,不断丰富自己的生命内涵,并能逐步掌握个人与班级发展的规划技能,以更好地实现和提升自身的价值。

一、班级环境设计

狭义的班级环境是指班级的物理环境,包括教室、课桌椅、窗户、户外教学区等等。广义的班级环境除了物理环境之外,还包括学生群体(主要是班集体)、师生关系等由人际交往所造成的某种特定的心理气氛,即心理环境。后者往往会对教学活动及其效果产生不可低估的影响。

教室的环境是需要美化的,但不是一定要有一个统一的标准,而是可以讨论的。

有这样一则案例：

某校制定的标准化教室布置要求：

1.教室后墙有学习园地。内容充实、整洁大方。

2.教室靠楼道的墙壁悬挂中国地图及世界地图。

3.教室靠窗户的墙壁张贴名人画像或名人名言。

4.教室黑板的正上方必须悬挂国旗，国旗两侧张贴班训和校训。

5.黑板靠楼道的一边张贴课程表、值日生表、作息时间表。

6.黑板靠窗户的一边张贴规章制度，要求做 60cm×70cm 的镜框。

7.本班的卫生工具摆放整齐有序。

8.教室内最少应有 5 盆花，全部摆放到窗台上。

9.标准化教室布置评比满分 10 分，评分未达到 6.5 分者为不合格布置，责令重新布置。

10.设布置教室奖。凡布置合格者，从高分到低分，分一、二、三等给予奖励，奖励力度按《工资考核奖惩暂行规定》中的规定标准执行。

案例中的学校对教室环境的布置规定了一个标准化的要求，恐怕值得斟酌。教室是教育教学的场所，因此，教室的布置应该以教育目标、学生的需求、审美观念、兴趣爱好等为基础。而不同年级、不同层次的学生对于教室布置的要求也不尽相同，为此，教室的布置不应该统一格式，而应该突出班级特色。

与此同时，在班级环境中，班级气氛是一个重要内容，可对学生学习行为产生深远的影响。因此，教师在班级管理的过程中应该为学生营造一个良好的班级气氛，给学生提供优质的学习与生活的环境，这样才能使学生喜爱班级生活。班级气氛指的是班级中各种成员的共同心理特质或倾向。它借由同学之间和师生之间的价值、态度期望与行为交互作用，经过一段时日之后，自然形成一种独特的气氛。它会影响每一名成员的思想、观念或行为模式，同时也塑造学生的态度与价值观，影响学生在教室中的学习活动。

因此,在班级文化建设过程中,营造良好的班级气氛应注意以下几点原则:

首先,合理运用鼓励与强化。鼓励与强化是教育过程中的万灵丹,教师必须在班级生活中灵活运用这两种策略,才能收到预期的效果。一般教师在学生出现偏差行为与反社会行为时,惯于运用体罚、惩罚的方式对待学生,造成以暴制暴的不当后果。学生只会以攻击行为面对学习中的逆境,容易让学生停留在错误阶段。教师与其消极地体罚学生,不如了解学生偏差行为形成的主要原因和问题症结,以积极说理的方式,维持班级和谐的学习气氛。

其次,教师必须以身作则。以身作则是行为的最佳示范,教师在班级生活中必须随时留意自身的一言一行、一举一动,给学生提供学习的楷模。教师如果展现不当的行为,容易有不良示范作用,产生不良的后果。教师如果在班级生活中忽略以身作则的重要性,对于自己无法达到的要求,学生恐怕也无法达到。

此外,适当运用情绪暗示。在班级生活中,学生会偏向停止被责难的活动或顺从教师的要求,以顺从教师的情绪反应。因此,学生会细腻地观察教师的情绪反应或是教师的脸色,作为行为表现的参考。如果教师的脸色充满快乐,则学生在行为表现方面会比较随便而不拘小节了;如果教师脸色不佳,则学生会自我暗示式相互提醒教师的情绪状况,进而约束自身的行为。因此,教师在班级生活中面对学生有不良行为出现时,可以适时地运用各种情绪性暗示,让学生了解教师的情绪。

二、营造和谐的成长环境

在班级文化建设过程中,营造和谐的成长环境,对构建民主型班级,实现最佳的班级管理目标具有重要作用。

因而,在班级文化建设中,管理者应从民主型班级的客观需要着手,形成相互支持的人际关系,让学生们的心灵得到充分的滋养。

首先,班级管理者应注重沟通引导,从而能够在学生之间形成相互欣赏、相互合作的人际关系,使学生们在共同的活动中互相理解、互相帮助。良好的同学关系,可以通过班级中的各种交往机会来培养。教师需要结合班级日常生活、结合学生生活中出现的一些事件,有意识地予以引导。

例如,某位同学要转学,某位同学结交网友时遭遇到复杂的状况,某些学科换了任课教师……类似的事情,都可以成为组织专门的班级活动的契机。学生自主地精心策划班级活动(包括写文章、排演节目、讨论等),可以展现学生的真实想法,使学生学会相互理解、相互欣赏,并在此过程中相互支持。

有这样一则案例:

有一段时间,一些要好的同学热衷于私下交换流行歌曲的光碟、磁带和歌星照片等,干扰到正常的学习生活。刚开始,班主任打算沿用"严禁"的办法,以使班级生活回归到昔日的平静。后来,经过与学生交谈和进一步研究,班主任决定让这类活动公开化,在午间播放音乐频道的电视节目,挑选合适的曲目排练成节目,并由此推出系列活动:在墙报及班会上评析鉴赏文艺作品,讨论如何与小伙伴们交往、如何树立"偶像"、如何设计自我形象和设想未来等。这样,学生的兴趣得到了合理疏导,特长得到了发挥,他们也学会了合理地选择与朋友交往的内容与方式,包括珍惜友谊、欣赏同学的内在品质(如一位身材较胖的同学坚持锻炼,虽仍有一个体育项目未达标,但他的精神却打动了别人)。类似的活动使得许多非正式群体活动也成了活跃班级生活、提升集体生活质量的有益因素。

从建设班级文化的角度关注生生关系,当然也不能忽视正式的班级组织生活的改善,例如,可以就如何设立班级岗位、民主改选班干部和其他岗位负责人等问题,组织学生个人、小组、全班进行多层次、多方面的沟通,在形成更为合理的看法,策划、组织相关活动的过程中,同学之间敞开心扉、真诚合作、共同创造的氛围也就顺利地生成了。

此外,还要注意师生之间的平等交往,切实营造一个有利于学生成长的和谐环境。

三、拓展生活空间

班级文化构建中,管理者应强调民主型班级建设,引导学生逐步学会掌握发展的主动权,积极创造属于自己的精神生活,提高生命质量。因此,在班级教育中,教师首先应该充分利用班级成员和群体自身的生活内容开展活动,以便有效地营建更好的班级文化。在此基础上,教师还可以尝试拓展学生的生活领域,带领学生主动拓展生活空间,让学生学会主动参与班级和社会生活建设,让学生学会在更广阔的生活中直接汲取主动发展的动力,形成主动发展的思想。这也就是在提高他们的精神生命质量。

首先,班级管理者应逐步引导学生进入更为开阔的活动空间。在班级管理实践过程中,有的教师通过研究性学习或班级主题活动,组织学生调查了解周围的社区生活(如本社区的历史文化、环境的污染情况和保护情况等),了解和整理新闻内容,这些都是拓展班级生活空间的好思路。其中,最为关键的就是在个体生活与这些更广阔的学校生活、社会生活之间建立有机联系,让学生感受到这些生活与自己的感受、作为有密切的关系。

对于民主型班级来说,学生在更开阔的天地中看到的事物以及他们主动形成的这些认识,都是宝贵的教育资源。教师如果善加利用,一方面可以真正从"教书匠"的传统形象中走出,另一方面可以用"四两拨千斤"的专业智慧推动学生发展到更高的境界。此时,教育艺术就不再只是一种抽象的口号,而是真实的行为。

总而言之,在班级文化建设过程中,努力拓展学生的生活空间,建设民主合理的管理体制、创设主动参与的活动机制、营造开放舒心的班级文化,可以引导学生面对现实、辨析生活现象,让学生学会从中寻求发展空间,通过高质量的学校生活提升其整体生活境界,从而让他们学会开创属于自己的新生活。

班级活动机制的形成

活动是人作为主体与他人和外界事物进行相互作用的过程。不过，相当多的教育活动往往是从学生个体的角度设想活动目的、对象、手段和结果，而这些设想又过多地注重达成教育者为学生预定的活动目标，注重完成自上而下规定的各种事务性的任务，因而仍具有相当程度的封闭性。

班级活动是班级在班主任指导下，根据学校整体安排或班级学生发展需要而进行的全员性活动的总称。它既可以是弥补课堂教学不足的教学活动，也可以是开发智力或发展能力的课外、校外活动，它是学校教育活动的有机组成部分。有计划、有目的地组织内容科学健康、形式新颖活泼的班级活动，可以大幅度地拓宽学生的视野和活动空间，培养学生独立工作和学习、交往的能力，可以发展学生的兴趣、爱好、特长，有利于及早发现和选拔各种专业人才。

一、班级活动的内涵

在班级授课制的现代学校中，广义的班级活动包括两大系列：一是课堂教学活动系列；二是课堂教学活动以外的一切由班级集体组织的活动系列。毋庸置疑，课堂教学活动是学校工作的中心，占学生在校时间的 3/4，担负着培养学生德、智、体、美、劳全面发展的任务。而我们指的班级活动是狭义的班级活动，即课堂教学活动以外的一切由班级集体组织的活动系列。

班级活动具有共同性，参与活动的教师和学生都是班级活动的主体，为共同的活动目的统一行动。班级活动还具有发展性，即通过活动使学生能得到陶冶、丰富和发展，也就是说，班级活动不同于学生课间的娱乐活动，它具有一定的教育性。班级活动也是一个互动的过程，师生之间和学生之间相互交往、互动，这是班级活动的社会性特征，即班级是一个"准社会",班级活动在一定程度上有社会活动的特征。

与此同时,班级活动的类型可以从多维度进行划分。按活动的内容,或按活动自身的性质可以分为政治性活动、科技性活动、文体性活动、经济性活动、劳动性活动、军事性活动,等等。唐云增等人主编的《中小学班集体建设经验全书》把班级活动分为两大类:一是"按人的一般发展来分,可分为学习、劳动、游戏三类";二是"按班集体建设实际操作来分,可分为主导目标教育活动、指令性活动和周期性活动三类"。同时,也有学者对集体活动的分类是这样阐述的:"就其内容而言,集体活动可以分为政治思想教育活动、学习研究活动、公益服务活动和文体娱乐活动等。就时间来看,集体活动可以划分为经常性活动、重点教育活动和传统教育活动。"

另外,综合一些著作中涉及的班级活动名称还有:班级教学活动、班集体建设活动、班级管理活动、班级劳动、班级科技活动、社会实践活动、生活指导活动、主题班会活动、心理健康教育活动、爱国主义教育活动、自我教育活动、青春期教育活动、读书活动、节假日活动,等等。总之,班级活动包罗万象,是学生班集体生活的重要组成部分。

二、班级活动机制的意义

一位老师如是说:

校运会上的拔河比赛,我们输了。学生们垂头丧气地回到教室里,有几个急性子的孩子还在抹眼泪。

安慰他们?给他们讲道理?我正在思考,怎样才能让孩子调整好自己的状态,从这次的比赛中吸取教训。突然,一个孩子站起来激动地说:"老师,我们不服气,肯定是对手搞了小动作。我们再和他们比一次。""那不可能,比赛有比赛的规则,他们违规会被淘汰。可能是我们站的地势不好。"……

听着孩子们七嘴八舌的议论,我明白了他们认识上存在问题。我在黑板上认真地画上一条横线,然后示意大家安静。学生们都疑惑地望着我。

"同学们刚才说的话有一定道理。不过……"我故意顿了顿,提高嗓门说,"谁能想办法不擦这条线就能让它变短?"

教室顿时沉默下来。

良久,一位孩子轻声说:"老师,你试试!"

我微微一笑,用力地在横线上方画了一条更长的横线。

教室一片哗然。

一会儿,教室里的声音小了,孩子们的眉头渐渐舒展开了。

有人举手,我的眼神鼓励着他大胆发表自己的看法。"老师,我是这样想的。下面的横线代表对手,上面的横线代表我们。当我们想超过对手时,就要自己加油!"孩子激动得脸都红了。

我肯定地点点头,用目光询问全班同学。

又一位孩子站起来:"拔河比赛我们输了,要在我们自己身上找原因。"

"对,我们不能去埋怨别人怎么样,关键是要自己努力,用实力去战胜他们。"

我注视着全体同学,动情地说:"同学们,你们乐于思考并大胆说出自己的看法,做得好极了!是的,任何比赛,都想赢,但我们要赢得漂亮;输,也要输得光彩。不用为失败找借口,要想成功,就得让自己强大起来!"

教室里响起了热烈的掌声,笑容又重新回到孩子们的脸上。

竞赛活动不管成功还是失败都是极好的班级活动题材:成功了可以总结成功的经验,失败了可以寻找失败的教训,最终使学生明白自己的强项与弱势,明确努力的方向,给学生一种前进的动力。结合班级发生的事件组织班级活动,对学生来说最有亲切感,这样自然容易理解和接受。这不仅对学生个体形成正确的归因、促进自身的发展有积极作用,而且对班集体的建设具有直接意义。

首先,班级活动对于个体发展具有重要意义。丰富多彩的班级活动可以诱发学生产生良好的角色体验,让学生发现并展示自己的长处,使一些学习成绩平平,却有特长的学生摆脱压抑感,有了发挥自己潜能的平台。过去的教育以学习成绩为衡量学生的唯一标准,只重视抓课堂教学活动,忽视了丰富多彩的教育、科技、文化和社会实践等班级活动,结果使荣誉的光环只落在少数几个学习尖子身上,而绝大多数学生的情感受冷落,优势难以发挥,才华不能展露。只有组织丰富的班级活动,才能为具有不同特长和优势的学生创造施展才华的机会和条件。能歌善舞者可以在艺术活动中展示才华,体育健将可以在运动场上大显身手,擅长策划和组织的可以在各项活动中脱颖而出。他们在这种角色变换中获得了成功者美好的情绪体验,增强了自信心,还可以培养学生的交往能力和社会适应能力,形成健康的个性心理品质。

与此同时,班级活动还可以促进班级成员之间的交往,使班级具有良好的人际关系。青少年有交往的需求渴望,在良好的交往中相互学习、相互了解、相互促进。哪些同学有哪些特长,只有开展活动才能清楚。并且,学生在参加班级活动中不断增进交往,增进友谊,不断增加朋友,为确定成长过程中不可缺少的志同道合的友谊奠定了基础。

其次,班级活动对于班集体的建设具有重要意义。班集体的巩固与发展,除了朝夕相处的学习生活外,还有刺激强烈的班级活动,诸如运动会、艺术节等竞技性的全校活动。在这些活动中,班级的荣誉有时是压倒一切的,为班级争光成了每个同学最期待的事,而在这些活动中胜出的成员,自然成为班级的英雄。在这些活动中,同学们相互鼓励,一起喊"加油",成功了,一起兴奋不已;失败了,一起难过,学生对班级的热爱与依恋的感情会被极大地激发出来。也是在这个时候,班主任与学生的关系最融洽,师生一起出谋划策,一起面对困难和解决困难,一起焦急、喜悦和感动,大大增进了师生之间的情谊,使学生更加信任班主任,使班主任更加热爱学生。因此,这样的班级活动极大地提升了班级的凝聚力,使班级不仅是一个教室和一群学生,而是学生和教师共同建设的家园。

此外,班级活动的开展有助于良好班风的形成,良好的班风能使班级保持步调一致、积极进取,精神面貌、学习态度都保持较佳的水平,容易管理。相反,不好的班风会给学生带来不利影响,班级成员往往消极怠惰,精神涣散,容易受不良风气影响。开展有意义的班级活动有助于形成良好的班风。首先,班级活动可以形成正确的集体舆论。通过一系列活动让学生在活动中思考、体会、感悟,并自觉地形成一种正确的集体舆论。其次,班级活动可以形成班级荣誉感。荣誉感来自自尊心,当个人的自尊心超过了一己之利时,对班级的关心力量方能得以汇聚。

三、开发更新活动内容

1.依据学生的真实想法

在新型民主的班级管理活动中,教师应站在学生的立场上考察他们生活中出现的事物,思考这些事物对于他们所具有的意义,而不能只是居高临下地用固定标准来衡量和剪裁学生生活。应该看到,生活本身是具有生成性的,因此,不可能指望下一代人完全重复上一代人的文化生活。一方面,学生生活中必然有许多反映时代特征的因素,学生的思想和行为必然会受到当代各种观念和意识形态的影响;另一方面,学生生活中还会出现富含年龄特征的内容。

在利用更高的专业智慧理解学生真实思想的基础上,教师可以将学校教育要求与学生需要结合起来系统地安排班级生活内容。无论是实施民主化的管理,还是根据学生生活实际安排班级活动内容,都不可能抛开学校教育的要求。一些学校将班级活动分为不同层次,如"小组(小队)活动""十分钟队会""主题班会"等,给学生更多的机会来展现其真实的生活内容,共同探讨班级发展中的现象。在相对小型的活动中给学生更多的自由,让更多学生敞开心扉,可以使班级生活中的各种问题或现象及时呈现,便于教师找到相应的对策,为学生澄清一些看法。

教师应该用心关注班级生活中的教育资源,这样,教师就会看到:每一位学生都有着独特的内心世界和旺盛的生命活力,一群学生在一起共同参与创造的班级生活会因种种相互作用而不断生成丰富的内容。面对这些资源,教师应该防止两种极端情形的发生:其一,因固执于传统观念而遮蔽、漠视这些内容;其二,放任这些生活内容自在地呈现而又自然地流逝。所以,教师有必要进一步考虑如何充分开发和利用这些宝贵的教育资源。

2. 从真实生活中开发活动资源

中小学生的认识能力和活动能力都还比较弱,不容易清晰地理解生命意义及自身发展的需要,也不容易分辨和选择各种发展条件,但他们又很容易受到各种外在因素的影响。因此,在这个时期,教师需要关注学生生活中更鲜活的以及因存在更多矛盾而引起他们困惑的更真实的内容,在学校教育中展现它们,并充分利用学校教育独有的资源(有承担培养任务的专业工作者、优秀的人类文化成果,更重要的是,有与他们共同成长的同学、老师),来帮助学生更深层次地感受生活。

与之相反,如果仅仅通过自上而下地规定学生班级活动的内容而对他们实施控制,就会使新一代人从小就习惯于按照别人的意愿和规定去生活,而无力自主地面对自己的真实生活,也不会在解决问题和提升生活质量的过程中学会开拓生活。事实上,传统的德育之所以低效,其原因之一正在于此,即没有面对学生的真实生活,只在成年人堂而皇之的设想中预定学生的发展,致使学校教育与学生的真实发展距离越来越远。

因此,在"民主型班级"中,教师需要关注学生的真实思想、真实生活,并以此为基础开展有真实教育意义的活动。

3. 提高更新活动内容的认识

首先,更新活动内容是班级活动本身的要求。从目前我国中小学班级活动的现状来看,班级活动更多的是围绕校规校纪、集体主义教育等主题进行的。即使有少数以青少年共同的兴趣爱好为基础而组成的科技活动,也因受财力及指导不够等原因而收效甚微,不能真正达到培养高素质复合型人才,突出和发展学生个性的目的。加之近年来,由于处在由应试教育向素质教育的转型期,中小学更多追求的是中考、高考的合格率和达标率,而把班级活动作为课堂教学的辅助手段,尚未充分认识到班级活动的重要作用,也未对此引起足够的重视,因此,加大班级活动内容的探索力度,赋之以符合时代和社会发展的全新内容就有了十分重大的意义。

其次,及时更新班级活动内容是素质教育的要求。21 世纪对人才素质提出了更高的要求,与此相适应,全世界教育范围内都出现了全方位的教育改革趋势,这些教改都立足于三大基点:一是教育改革要适应国际经济竞争;二是以国际智能为原动力;三是适应国际信息化需要,把教育信息化作为教育改革的具体目标之一。从我国来看,在 21 世纪要做到经济、社会和生态相互协调的可持续发展,必须按照素质教育的要求,为以后培养高素质的人才。同样,作为学校教育的有机组成部分,班级活动也必须适应教育思想的变化,适时增加以提高学生素质为目的内容。

四、形成主动的活动机制

1. 开辟多层次的活动空间

在开发出丰富的教育资源的基础上,老师可以开辟多层次的活动空间,包括主题班队会、小组(小队)活动、每天的"十分钟队会"等,让每一位学生都有机会在集体氛围中学会关注生活中的各种事物,辨析其中的生活道理,提炼生活感受,并共同创造更好的个人生活和集体生活。

其中,小组活动(小队活动)既可成为班队会等整体活动的一部分,也可根据各组同学的特长和兴趣,由小组(小队)成员独立选择活动目标和活动内容,自主开展活动。在一个开放的班级活动机制中,小组(小队)的这两类活动实际上可以相互转换,并不一定有绝对的界限,甚至一些个体自发进行的兴趣活动也可能成为生成全班生活内容的起点。例如,教师发现个别学生出于兴趣创办了"电脑小报",就可以将其转化为小组(小队)活动、班级活动,让学生人人关心小报,乃至主动关心班级动态,积极向小报信箱投稿。还可以让小组(小队)活动与班级主题活动相互转化。例如,在规划好班级主题活动内容的基础上,每个小组(小队)轮流主持一次主题活动,做到人人参与、富有个性。某班就这样举行了"20年后再相会"、"金色的秋天"、"礼貌用语20字"、"澳门大冲浪"等富有创意的活动,让学生抒发了对未来的憧憬,也培养了他们的开拓创新精神。

2. 积极引领学生开展活动

班级管理者开展活动过程中,在关注学生真实生活内容的基础上,还需要引领学生学会主动开展班级活动,使开放的生活领域成为主动发展的广阔天地。教师可以从以下几个方面引领学生开展活动:

(1)拓展生活视野。教师应引领学生逐步学会全面了解活动内容,由此拓展其生活空间。这种拓展包括从学科学习拓展到更为广阔的文化生活空间,从个人生活拓展到群体生活、家庭生活、社会生活。需要注意的是:这里所说的学生生活内容,也包括将学校提出的活动安排和要求融入学生的真实生活中(而不是一味地将学校要求作为命令或预定的学校生活标准)。教师应该让学生评价学校要求的合理性,理解合理的要求或者自己主动提出这些要求,并落实在班级活动的系统规划之中。

(2)拓展外界联系。教师应引领学生与外部世界和他人建立更丰富的、有意义的联系,从中选择合理的活动目标,不断提升发展需要。

(3)深化成长体验。教师应引领学生根据自己选择的目标主动筹划各种活动,在提出目标、设计方案、实施活动和反思活动效果等过程中获得深刻的体验,丰富对自己、对他人、对社会和对世界的认识,由此学会开创未来生活。

班级管理工作的开展

马克思说"一步实际行动比一打纲领更重要"。我们评价一个组织机构的工作,不能光看他们的计划订得如何,更重要的是要看计划实行得怎么样。

班级管理计划的开展就是班级工作全方位运作的过程,是班级管理的中心环节。倘若计划制订得再完善,没有实行也不过是纸上谈兵,没有任何的实际价值。因此,班级管理计划的开展,对班级管理目标最终能否实现具有重要意义。

一、开展管理工作的原则

1. 及时发现问题

在班级管理工作中,管理者要尽量做到及时发现问题,把问题解决在萌芽状态。在班级的管理过程中,经常会出现一些背离目标和计划的苗头,偏离正常轨道的趋向和意料不到的情况。管理者,尤其是班主任要掌握一点"诊断"的技术,做到细心观察,及时发现问题的症结所在,如班级中气氛和班级舆论的变化,本来活跃的学生突然郁闷起来,班级中的公益服务工作突然中止,一些学生的行为发生了变化……都说明班级内部出现了"问题",需要矫正。如果不及时加以解决,就可能会发展成为真正的问题。

2. 严格执行规章制度

在开展班级管理工作的过程中,实行常规管理的重要目的是维护班级良好的运行秩序,使学生养成良好的行为习惯,而习惯的养成来自于"时间"的磨炼。如果没有切实可行的规章制度,便没有长期一贯的坚持执行,没有一视同仁的严格要求,良好习惯的养成就会落空。

3. 保证宏观调控

为确保管理工作的顺利开展,管理者必须保证对工作的宏观掌控,使每一项工作都富有成效。无论是学习、纪律、卫生等,还是其他丰富多彩的班级活动,对学生来讲都是现有能力还不能完全独立驾驭的事情,班主任应及时发现学生的思想障碍和行动困难,不仅需要满腔热情地给予指导和帮助,更需要宏观的掌控。这种宏观的掌控不是包办代替,越俎代庖,而是为了不出现大的偏差,保证班级目标的顺利实现。

4. 精心设计安排

在实际班级管理工作的过程中,管理者应做到精心设计,让每一项活动都能够促进学生的健康成长。班级管理和班级活动,切不可为管理而管理,为活动而活动,要在"一切为了学生,为了一切学生,为了学生的一切"的思想指导下,不搞形式,不装模作样,给予学生全面和谐发展的时间和空间,让班级真正成为每个学生健康成长的乐园。

5.重视有效激励

在开展管理工作中,管理者应重视采用激励手段,使每个学生都能保持向上的发展势态。管理的最高境界是最大限度地激活每一个成员的发展动力。因此,在班级管理工作展开时要善于运用激励手段,经常给学生鼓励、加油,让班级成员团结协作、共同发展的力量永不衰竭,使班级保持良好的发展状态。

6.善于沟通协调

班级管理者在开展管理工作时,应善于协调,使各项工作和活动都能够井然有序地开展。班级工作开展过程中,班干部之间、干部与同学之间、同学之间有时会因为观点不同、思路各异而发生争执,有时会因为具体工作在时间和人力等方面"争抢资源"而导致冲突,有时也会因为利益问题而产生矛盾,常规性工作也往往因突击性大型活动的开展而受到干扰。这就需要班主任善于发现矛盾,及时进行调节,沟通大家的思想,消除大家的误解。与此同时,应让大家明白每一项工作都是为了实现共同的目标,维护共同的利益。为此,大家要顾大局、识大体、求同存异。

二、班级管理工作的主要内容

为了有效地开展管理工作,实现管理目标,管理者首先应该明确班级管理工作有哪些主要内容。

1.活动组织

在班级管理工作实行阶段的组织活动包括两个方面:任务的合理分

配以及人力、物力等各种资源的妥善安排。

2.指导工作

班级管理者在班级管理中不仅是策划者、组织者,更是指挥者,如同导演与演员、教练与运动员一样。在执行过程中,学生干部或者学生群体中总会出现这样或那样的问题,如方向不明确、方法不妥当等,需要随时加以指导,使全体参与者都明确为什么做、做什么、做到什么程度、怎么做,以避免盲目行动和低效行为。指导的目的是让学生主动积极地去完成计划,而不是包办代替。

3.鼓励工作

班级管理活动中,很重要的一项工作内容则是班级成员的鼓励工作。为了保持按照原计划从事各项活动,必须采取各种鼓励手段,不断提高学生的积极性。特别是在实行过程中遇到困难时,在某些工作一时难见成效,而学生有些泄气时,在某项工作处于落后状态时,更需要管理者适时地、有针对性地采取鼓励措施。

4.协调工作

协调工作是贯穿于实行阶段全过程中的一项管理工作。在实行阶段中实际工作进程与计划规定的要求出现不一致性,是难以完全避免的;出现这样那样的新问题,包括来自学校的新要求和学生们的新建议;还会出现各种不和谐的声音。此时,管理者需要充分发挥协调作用,合理、高效地安排各项工作并然有序地进行。

5.教育工作

班级管理过程中,教育与管理紧密相连,并且渗透在管理过程各个环节之中。目的是使班级成员增强学习和工作的目的性、责任感、创新精神、竞争意识以及合作意识等等。

三、班级管理工作的开展

中小学班级管理的常规工作,往往因中小学性质和特点的不同而表现出较大的差别。班主任作为班级管理者,在班级管理工作的具体开展中有着重要的责任与义务。通常,依据管理工作的开展时间顺序,我们可将其分为起始准备阶段和正常运行阶段两个部分。

1. 起始准备阶段

(1)学生接收工作。

一个班集体的正式组建,首先是班主任上任并接收学生。管理规范的学校,班主任接收新生一般要经过五道程序:学校政教处和教务处共同召开班主任分班会议,说明分班标准和方式;接受新生名单;协调处理个别学生问题;接收编入本班的学生报到,填写学生情况登记表;寄宿制学校还应给学生分配宿舍。

(2)组织确定班委。

在班级管理工作的起始准备阶段,经过班级成员的投票选举,以及一系列的班委筹建工作,班主任要公开宣布班干部,主要是班委会和团队干部。而究竟采取临时指定办法还是通过民主选举产生,可视情况和需要而定,但应及时宣布并向全体学生介绍班干部的个人情况,让同学们了解,接受其管理,是非常必要的。

(3)座位安排及调整。

通常情况下,学生座位的安排是按身高编排,从前往后,由小个儿到大个儿。在教学实践过程中有人发明了弧形座位编排法。应注意,即使采用这种座位编排法,也不应完全抛弃行之有效的按身高编排法。

2. 正常运行阶段

在班级管理工作的正常运行阶段,班级管理者通过对班级成员的充分了解,不断加深认识,可以及时发现管理过程中出现的一系列问题。

(1)班级秩序问题。

在班级管理过程中,一个正常运行的班级也很可能突然人心波动,发生大面积异常的情况,首先应通过深入调查,了解原因,把握问题的本质,然后施之以积极的、正面的思想教育,有时还需如实向学生说明情况,以征得学生的合作,很快把问题解决在萌芽状态,拖而不管或主观武断的官僚做法是不可取的。

(2)逃课、旷课问题。

在班级管理过程中,一些学生对任课教师有逆反情绪,不愿意让其"剥夺"自己的时间,干脆不进教室上课;或者由于某种不好说明的原因,不进教室或上课中间悄然离开教室,这些问题均需晓之以大义,合理开导。

(3)违规乱纪问题。

在班级管理过程中,一些学生往往不能按有关规章制度严格要求自己。大错误不犯,小错误不断,诸如小偷小摸、打群架等,经常给班级甚至学校带来麻烦。这类学生一般比较聪明,只是由于长期放任自己,养成了不良习惯。因此,应鼓励学生扬其长、补其短,争取做好学生。

同时,在其他同学集中精力听讲时,个别学生故意吹口哨、敲桌凳、传纸条,或自习时间不完成作业,在教室里胡跑乱窜,打打闹闹,说说笑笑……此类行为既耽误自己,又干扰别人,应对症下药,因势利导。

(4)同学矛盾问题。

在班级里,一些同学之间因一言不合,各不相让,造成吵嘴甚至打架;或者因为某件小事看法不同,误认为对方对自己有成见,造成彼此情绪对立,不相往来;或者对方是班干部,由于工作需要批评了自己,本来关系很不错,结果造成专门与对方作对,等等。对此类问题,应区别不同对象,讲清利害,鼓励双方深入沟通以达到消除隔阂、握手言和之目的。

(5)早恋倾向问题。

在班级管理过程中,正处于成长发育阶段的中小学生,由于生理渐趋成熟或者心理空虚,异性之间联系频繁,会出现早恋问题。班级管理者要加强性教育,同时要重视心理健康教育,对敏感问题应本着负责、保密、稳妥、有效的原则恰当处理。

班级管理工作的改进

班级管理工作的改进,不仅仅是针对管理工作中出现的不良问题的改变和进步,更是在已有的良好班级管理状态上的超越,以追求管理工作的更高境界以及实现班集体更好的发展。

一、及时进行工作的反馈

在班级管理多项综合性的教育活动中,教育是一项需要理想、需要思想智慧的事业,它需要我们用心关照,用专业智慧来经营。其中,管理者及时了解自己策划和实施的教育活动的进展,并根据这些反馈回来的信息调整工作思路,应当成为新时代的智慧型教师所采用的研究性工作方式的有机组成部分。

首先,班级管理者要通过班级管理提升学生个体和班级整体的精神生命质量,就需要不断激活学生的自主意识、培养他们主动发展的能力。在这方面,教师可以发动学生一起构建让每一种班级生活因素都发挥作用的多元评价机制,以促进学生的全面发展。

在班级生活中,有必要定期或不定期地对学生在各种岗位上履行职责的情况进行评议,从而让学生对自己在集体生活中的角色表现有更清醒的理解,对自己可以发挥的积极作用有更好的认识。

其次,班级活动的教育价值,最终体现在学生身上。学生作为发展主体,应该形成并彰显出对这些教育价值予以反思、评价的能力。只有这样,学生的主动发展意识才能被真正地激发出来,他们的主动发展能力才能真正得到培养。

此外,可以充分运用网络资源,拓宽交流途径,使班级管理工作开展的实际情况得到及时的反馈。因此,在条件允许的情况下,教师可以利用网络与学生进行沟通,更可以利用有组织的方式引领学生在更高的境界上展开真诚的交流,从而不断提升班级的生活质量,使班级管理工作得到充分的改善。

二、推行民主管理

在班级管理工作中,我们旨在建设"民主型班级",归根结底是希望创立一种民主的班级生活机制。这样一种机制,显然不是一种固定化的生活模式,而是需要由师生根据班级发展需要而不断调整和更新的。因此,班级管理者可在管理工作中适当改进方法,达到创建民主化的班级生活机制的目的。

1. 融通不同领域

文学创作中有一种修辞手法叫"通感",即把各种感觉(听觉、视觉、嗅觉、味觉、触觉等)沟通起来,用甲感觉去描写乙感觉。其依据可能是人们在审美活动中各种审美感觉能够互相沟通、互相转化的道理。例如,朱自清在《荷塘月色》中所写的"微风过处,送来缕缕清香,仿佛远处高楼上渺茫的歌声似的",就运用了通感的手法。如果我们不只是从事务处理的角度,而是从教育新人的角度来看待班级管理的话,我们也有可能在班级生活中创造类似的美妙意境,甚至让师生都领略到教育生活中的诗意。其中一种尝试,就是融通班级生活的不同领域,包括融通管理体制、活动机制和班级文化的建设,融通主题活动中的节目编排、剧本修改和学生成长体验的呈现与提炼,还包括融通班会现场活动、小组合作与班级环境布置。

2.调整管理思路

在形成基本的班级管理体制后,班主任可以根据实际推行的情况而对其加以调整,以使其适应学生的发展需要。例如,在实施值日班长工作制已达一个学期之后,班主任了解到,值日班长们普遍感到这个岗位的工作很辛苦。原因有两个方面:一方面,由于强烈的责任心和荣誉感,值日班长事事亲力亲为,工作量过大;另一方面,同学之间缺少合作的精神,也在无形之中增加了值日班长工作的压力。班主任把这些苦恼转达给同学们,引起了大家的深深反思,经过讨论,同学们提出了诸如加强班干部队伍建设、以小组为单位进行合作与评价等对策,使得值日班长的工作踏上了新的台阶。

三、引导树立新目标

在班级管理工作中,为实现班级管理目标,充分激励点拨学生,以完善和改进班级管理工作,管理者应不断引导学生树立新目标,通过实际行动来达到目标,最终在更高的平台上追求新的目标,从而使班级管理工作取得更加显著的成效。

1. 追求实现高目标

在改进班级管理工作的过程中,管理者应帮助学生在实现目标的过程中发现更高的目标。

有这样一则案例:

一所实验学校,在多年的探索中形成了初中生"自育承诺制"。它以"主动发展、自主选择、信守承诺、优质互动"为特征,着力培养学生在多种可能纷至沓来的情况下的选择能力、判断能力。他们认为,引导学生自主选择发展的过程,是学生从判断到决策的过程,是自主意识从唤醒到兴奋的过程,也是从学生自我体验与评价到确定最近发展目标的过程。不过,应该看到发展过程的复杂性,发展水平的差异性,前行、停顿、后退、徘徊、反复相互交织,喜悦、沮丧、失望、向往、后悔交替产生,这些都直接影响发展目标的实现和发展进程的效率。因此,他们要求学生把自主选择的发展目标确定为个人的成长承诺,要求指导教师把对学生的指导培养确定为教师的教育承诺,还把学生家长引入"自育承诺"中来,要求家长把自己的检查督促确定为社会承诺,将信守承诺的道德机制作为"自育承诺制"的保证机制。此时,学生主动地选择发展目标、指导教师,而教师和家长关注学生主动发展的目标,并为此目标的实现制订相应的策略,他们相互之间产生积极的碰撞、心灵的共鸣,多方朝着一致的方向共同发展。

此后,随着学生的发展进程,教师可以引导他们在新阶段继续选择新的发展目标,实现更好的发展。

2.加强点拨激励

班级管理过程中,要求班主任作为班级的管理者,既要统筹班级常规工作的管理,又要在日常生活中不断点拨激励学生。在学生个体与班级整体的发展过程中,用心关注、选择并利用一些典型的日常事件,将其作为教育契机和教育资源,通过及时点拨,促使学生不断前进。

有这样一则案例:

有位班主任看到了这样一些日常事件:王同学迷恋电脑游戏,与家长发生冲突离家出走;施同学被其他班级同学无故殴打后隐瞒不说;陈同学做作业的速度奇慢,严重影响睡眠;在行为规范方面令人哭笑不得的许同学,在学习上却显露出较高的天赋……这位班主任希望通过这些小事的妥善解决帮助他们树立自尊心和自信心,教育他们勇于追求、自强不息,做一名诚实、自尊、自重、富有责任心和创造心的好学生。与此同时,她还先后选定了四名学生进行案例跟踪。针对他们的不良心理及行为习惯,运用典型事例来诱导启发他们,让他们学会打理自己的生活,思索自己的人生价值,并让他们承担一些合适的工作,体验成功,增强责任感。通过每周的反思,家长、班主任及班干部的点评,让他们学会正确评价自己,进而引发他们的自尊、自爱、自强之心。经过一段时间的努力,这一措施收到了较好的教育效果。

与此同时,班级管理者还要适当引导学生在反思总结的基础上追求新目标。在一些典型活动启动与完成之时,在一个阶段开始与结束之时,班主任都可以引导学生反思已有的发展经历,总结成长经验,展望新的发展,从而树立新的目标,开始新的发展历程。

四、积极促进学生发展

在班级管理过程中,日常的班级生活事例往往蕴含着丰富的内涵。管理者如果能够将班级管理工作中的典型案例合理地加以利用,可以有效地促进学生提高思想觉悟,从而向更高的境界发展。

1. 评选先进典型

班级管理者在协调班级事务过程中,应注意评选先进典型,引导学生追求卓越。为学生提供良好的榜样,可以具体形象而综合性地展现出值得学生学习的优良品质,这种做法远胜于诸多缺乏形象性和内在整体感的说教或长篇大论式的训导。为此,教师可以结合班级发展计划的制订、实施,结合班级活动的开展,组织学生在不同阶段、不同方面关注自己和同学的发展状态,评选出身边的先进典型,包括先进个人、先进小组,如班级之星、岗位能手……这与系统设计班级工作岗位、建立通畅的沟通渠道、指导学生提炼学习生活感受、建立自主多元的评价机制等班级管理措施紧密相关,其目的都是让学生通过身边可见、可学的活生生的榜样,不断追求卓越的发展,而不是满足于达到固定的发展标准。

2. 提炼成长体验

在班级管理工作的改进过程中,管理者应注重合理提炼学生的成长体验,以激励学生自主全面的发展。这里的"提炼成长体验"重在展现学生发展过程中的新体验,重在让学生相互理解各自的发展历程、相互激活发展动力,从而让学生个体、小组和班级整体形成更好的自主发展机制。此时提炼出的成长体验,不一定是最值得学习或模仿的对象,而应是最有可能激发学生自主反思、最有典型教育意义的事例。

有这样一则案例:

有一名学生,本以为自己肯定是某次主题班会的主持人,也就没有主动向老师表达自己的意愿。当另一位主动表达意向的同学被老师挑选为主持人时,他以为老师偏心,一下子跳起来,很生气地走了。班主任很诧异,后来经过多方面了解,才知道他一直想当这个主持人。在他冷静下来后,班主任主动与他沟通,让他形成了更合理的认识。此后,在进一步策划该次班会时,这一事例被用在了最后一个环节,以提升学生们对班会主题的理解。这名学生主动地写出了自己在这一事件中的感受,为该次班会的成功做出了新的贡献,同时这个鲜活的事例也启迪了大家。

3. 抓住关键时机

班级管理者在完善管理工作的过程中,应及时有效地抓住时机,合理地促进学生上进。与此同时,注重提升学生的精神生命质量,关注学生的成长过程。

在班级的日常生活中,针对每个人、每个小组和班级整体的实际情况,教师很可能会发现一些关键时机——此时,学生面临着一些困惑,需要有智慧的班主任给予及时的点拨。如果这种点拨恰到好处的话,由此产生的跨越式的发展效应很可能会胜过许多其他教育手段产生的教育效果。而如果能从班级整体发展的视角,看到不同学生之间的差异,并利用这种差异营造相互竞争与合作的氛围,培育一种自我激活的班级生活机制,则更可让班级管理产生"四两拨千斤"的效果,从而有效地提高班级管理效率。

中小学教学常规管理

教学是门科学也是门艺术,要想将这门艺术表现得好,就应遵循一定的规律和方法。好的方法会让人事半功倍,而好的教学方法应该形成一种常态的规定,用于指导教学。

一、制订教学计划

教学计划是整个学期(学年)进行教学的依据,是全面完成教学任务的重要保证。每学期开学前,各学科年级备课组或学科教研组,应制订出各年级的教学计划。

制订计划前,年级备课组或学科教研组的教师应做到三个熟悉。

1. 熟悉教学大纲:明确本科教学目的和教学要求,了解教学内容的安排,弄清本科教学应遵循的原则和应注意的问题。

2. 熟悉教材:通读教材,理解教材的内在联系,明确各章节在整体中所处的地位,明确本学期基础知识教学、基本技能训练、能力培养和思想教育的要求以及教学的重点、难点。

3.熟悉学生:学年开始,主要通过年级教学岗位责任交接了解;学期开始主要通过质量分析了解;平时要通过各种渠道(作业、小测验、学生提问等等)进行了解。

教学计划要具备以下内容:

1.明确本学期的教学目的、要求,列出教学内容的清单和达标题目。

2.确定教材的重点、难点,并初步提出对这些重点、难点的处理意见。

3.制订落实教学目的要求和提高教学质量的措施。

4.对教材内容、练习、实验的补充、删减或改进意见。

5.划分教学进度和周课时进度。

二、加强备课活动

备好课是上好课的前提,是保证教学质量的关键环节。

备课要遵循三个步骤:

1. 个人备课

备大纲:要根据各科教学大纲的要求,明确本科教学目的要求,了解教学内容的安排,弄清本学科教学应遵循的原则和应注意的问题。

备教材:要认真钻研教材,了解教材的内在联系,明确本书本章、本课教材在整体中所处的地位,提出对教学目的、要求、重点、难点的个人看法。

备学生:了解学生在理解掌握这节(课)教材时,易出现的问题,了解学生的思考规律。

备方法:在钻研教材和了解学生的基础上,根据教材和学生特点选取恰当的教学方法。

在"四备"的基础上,写好备课笔记。

2. 集体备课

学科年级备课组长或学科教研组长要坚持每周定时集体备课。集体备课要在个人备课的基础上进行。备课时要充分讨论、充分研究,允许不同意见的存在。集体备课的任务是统一教学指导思想,统一重点、难点,统一教学内容与目的要求,统一达标题目及课时安排,提出改进教学方法的建议。在集体备课中,备课组长要负责写出章、节(课)的基本要求及达标题目,以便系统地积累资料。在集体备课中,要充分发挥骨干教师和老教师的作用。老教师要起到知识把关的作用,并积极向中青年教师传授好的教学经验。

集体备课,不强求教学方法的统一。

3. 写好教案

在个人备课和集体备课的基础上,个人要认真写好教案。在落笔之前,先要研究教学内容的基本要求及其内涵的发展智力、培养能力、进行思想教育的因素。选择适当的教学方法,创造磨炼智力发展的条件,设计合理的教学过程,形成认识的内部矛盾,进行启发式教学。

教案的主要内容应有:教学目的,课堂类型,教学重点、难点及关键性问题的处理,教学内容的深度、广度,以及从实际出发,按照马克思主义的认识论实现既定目标的方法步骤。此外,还要有课上练习题和家庭作业、板书设计、使用的教具等。

设计教案时,要根据条件充分利用现代化教学手段。

讲课以后,要尽可能写"后记"(课后小结),即按这个教案讲完课之后,把实践的体会(成功或失败的)写在教案的后边,作为今后改进教学的参考。

教案要简明扼要,一目了然,既不要过于烦琐,又不要粗略,流于形式。

除以上步骤外,数、理、化三科要求学生完成的作业,老师都应先做一遍。观察、演示和分组实验,课前要认真操作一遍。文科教师要做出练习的答案。

老师应在上课前一至二周完成集体备课,教案一般应该超前二至三课时。

三、认真上课

课堂教学是落实教学目的要求的关键,是提高教学质量的中心环节,要做到教书育人。

1. 要充分利用上课时间,提高教学效率

讲授的知识要科学、准确,语言要生动、有趣,努力做到使全体学生都能当堂理解、当堂巩固。一般要按照感性——理性——实践的认识路线来组织教学,加强直观演示、形象教学,从感性认识中进行科学的抽象和逻辑推理,总结出基本概念和规律,然后利用所学的知识、理论去分析问题和解决问题。

2. 要讲究教学方法,努力提高课堂教学艺术水平

课堂上应做到目的明确、重点突出、条理分明、知识准确、方法得当、效果明显。讲课过程要重视启发学生思考,通过学生自己思考去理解和掌握知识。努力做到"精讲精练",有讲有练,边讲边练;一般要在复习旧概念基础上引入新课;讲新课能联系旧知识的要以新带旧,边讲边巩固。

要注意培养学生掌握科学的学习方法,养成良好的学习习惯。教学中要把培养学生做到两先两后两总结(先预习,后听课;先复习,后作业;学完一个单元知识要归纳总结,把握知识系统的内在联系;做完作业要总结思路、方法和体会)的学习方法纳入教学过程,培养学生的自学能力和主动精神。

3. 要遵守教学纪律

不得占用课堂教学时间谈及与教学无关的话题。教师的一言一行要为人师表,一举一动要做学生楷模。未经教务(教导)主任同意,不得私自串课或请别人代课。必须准时上、下课,不得拖延时间。

四、搞好作业批改和课外辅导

1. 作业要经过慎重选择,要符合教学要求和学生实际

留作业要有全局观念,考虑学生的总自习时间和各科作业所需时

间。要严格按照学校教学计划统筹规定的时间留作业（包括预习、复习）。题目要为巩固基础,培养能力服务。不要搞题海战术,不给学生造成过重负担。

2. 要按照学校教学计划规定,及时收批学生作业

要根据不同学科的实际情况,尽可能做到批阅全部作业,指出错处,并让学生自己改正后重交;对无力改正的学生要面批面改。要求学生在学完一个单元后,将作业装订成册,前边附上本章知识小结交教师批阅。学生在每次作业中出现的问题,教师应做记录和分析,并及时进行讲评。如发现带普遍性的、关键性的问题应及时在全班进行讲评、弥补缺陷,再留作业进行巩固。

各学科对学生作业练习的书写规范要有统一要求,严格训练。

对学生作业要评分、划分等级或写评语,写明批改日期。语文、外语晨读时间,任课教师要下班指导。自习时间下班辅导,不要讲课。对学习相对吃力的学生要有计划地进行补课,防止两极分化;对学习基础突出好的学生,要注意通过各种课外活动加强培养。

五、组织好复习考试

通过检查和考核来了解学生学习情况和掌握运用知识的情况,督促学生复习功课,巩固所学知识;了解教学效果以便改进教学。

平时的检查包括提问、小测验、单元测验等,集中的考核主要是期中和期末两次考试。检查考核必须以平时考查为主,发现教学中的缺陷应及时弥补。考试次数不宜过多,以免造成学生的过分紧张和劳累。

课堂提问和课堂练习要纳入课时计划,要有明确的目的性,提问之后要记分。

单元测验后,要进行总结分析,逐人过筛,分类进行指导补缺。但平时测验不应过多,单元测验要在教务（教导）处登记,以便统一协调,防止各科测验过于集中。

期中、期末考试,可由学校组织力量出题。学年期末考试,可实行高

一年级的教师给低一年级出题的方法。考试范围以教学大纲的要求为依据,以本学期的教学内容为主,根据中等生的水平出题。

期中考试后,每个教师要对每个班做出书面质量分析。期末考试后,年级组要做好分析,写出书面材料。

期中、期末考试前,教师要制订复习计划,帮助学生进行系统复习。

期末学习成绩的评定以平时、期中考试与期末考试成绩按适当比例进行总评。比例分配,各科可有所不同。

对期末总评成绩不及格的学生,在开学前一周进行补考。

未经学校允许不得随意占用全堂时间考试或进行年级统一考试。

期末考试一般应安排在放假前一周,提前考试不利于正常教学。

六、加强教学领导

1. 要科学组织教师力量,合理安排教学工作

校长考虑教学分工时,要着眼全局,注重基础,使教师集体力量得以最充分的发挥。着眼全局,就是尽量保证每个年级的每个学科至少有一名骨干教师。注重基础,就是尽量把低年级的教师配得强一些。特别是语文、外语、数学三科和起始学科,一定要配备骨干教师把关,切实给学生打好基础。

校长要从"基础教育必须抓好基础"出发,下决心排除来自各方面的干扰,坚持"全校一盘棋"思想,统筹考虑,合理配备各年级各学科的教师。

2. 要加强教研组建设

教研组既是教师的行政组织,又是教学组织。除了那些教师队伍整齐、教研空气浓厚、领导教学管理水平高的学校,经有关教育行政部门批准可以试行年级组制度以外,一般学校不要把教研组制改为年级组制,以防影响教学研究,降低教学质量。

3. 要加强教学纪律

一方面要爱惜教学时间,不轻易停课、串课、改变既定教学计划,不

延期开学,也不提前考试、放假,确保上满课、上好课;另一方面不要随便改变课程门类、增删课时,不要延长学生在校时间,不准占用学生节、假日时间补课。

4. 要改进领导作风

校长、教导主任、教研(年级)组长都要经常深入课堂听课,参加教师集体备课,与教师共同评课。

校长、副校长、教导主任都要有计划地兼课。但在同一时间内,教导主任或分管教学的副校长要有一人主持日常教学管理工作。

品德教育

给学生插上理想的翅膀

青少年学生正处于生理和心理迅速发展而又尚未成熟、世界观开始形成而又尚未定型的时期,有很大的可塑性,正是我们抓紧工作、帮助他们树立远大理想的良好时机。几年来,我们抓住各种有利条件,加强了对学生的理想前途教育,使他们的思想健康发展充满了生气。

一、从热爱祖国、热爱社会主义的教育入手,增强学生的民族自豪感和民族自信心

热爱祖国、热爱社会主义,是青少年树立远大理想不可缺少的思想基础。我们在理想教育的过程中,首先应抓住这个基础环节。

近几年来,我国实行开放政策,虚心学习世界上一切先进的东西。这表现了我们中华民族的宽阔胸襟和宏伟气魄。但是由于青少年学生不了解过去,缺乏新旧对比的切身感受,自觉不自觉地产生自卑心理。针对这种情况,我们充分利用教科书上有关内容,结合教学向学生进行爱国主义教育。比如,老师上地理课讲到中国的石油资源时,便告诉学生,过去洋人说我们是"贫油国",得靠"洋油"过日子。但是,在党的领导下,依靠自己的努力,我国先后找到并开发了大庆、胜利、大港等一个又一个的大油田。如今,我国的石油不仅能够自给,而且还能出口,成为世界十大产油国之一。学生听后都面带笑容,感到很自豪。上历史课讲到古代文化时,讲述中国是世界文明发展最早的国家之一。我国的指南针、造纸术、印刷术和火药四大发明,对人类文明的发展起了巨大的促进作用。我们的祖先早就放眼世界:张骞开通丝绸之路,玄奘西游印度,鉴真东渡日本,郑和下西洋……他们为人类历史发展做出了卓越贡献。通过这些讲述,学生不但对祖国悠久的历史、辉煌的成就留下深刻印象,而且会深刻认识到,中华民族是富有自信力和创造力的伟大民族。

教师应注意捕捉发生在同学身边的好人好事,帮助学生形成正确的人生观。有这样一则案例:

初中二年三班周红丽同学的母亲生病住院期间,家中无人料理。星期天,班上同学三三两两就去帮助干家务活。她家生活困难,同学们在家长的支持下,主动凑钱接济。学校又给她发了助学金。周红丽十分感动,不但学习上更加努力,而且主动为班级做好事。班主任及时抓住这些事情,让学生受到热爱集体的教育,同学们切身感觉到班级温暖,感到老师好,学校好,社会主义制度好。

通过热爱祖国、热爱社会主义的教育,学生的情感发生了很大变化。越来越多的学生关心国家大事,想国家之所想,树立了为建设祖国贡献力量的远大理想。

二、深入进行英雄形象教育,启迪学生树立远大的理想

英雄形象能够引起青少年学生的丰富想象,产生良好的道德情感,能够激励他们效法英雄人物的思想行为。因此,学校应结合形势教育、组织学生学习英雄人物、科学家等先进人物的事迹;请英雄模范人物来校作报告;会见、访问英雄模范和科学家,引导同学们"学英雄思想,走英雄道路,创英雄业绩"。学校还可以利用团、队活动日和召开主题班会的形式,让学生介绍自己最崇敬的英雄人物,树立远大志向,奋勇攀高峰。配合各种纪念日活动,学校可组织学生学习雷锋的先进事迹;去烈士陵园,在墓碑前学习烈士遗书、诗文,向烈士宣誓、表决心。随着这些活动的开展,同学们会越来越受到熏陶和教育。许多同学学英雄,见行动,言行一致,身体力行。

三、学雷锋创"三好",引导学生把日常学习同理想联系起来

我们在培植、启迪学生憧憬未来,树立远大的革命理想过程中,应注

意引导大家不要急于求成,好高骛远。要以雷锋为榜样,从一件件小事做起,一步一个脚印地向理想迈进。

学校要求同学们把《小学生守则》《中学生守则》当作自己的行为准则。既要从道理上懂得它,更要在行动上实践它。不仅刚上小学、中学时要学习、实践,而且整个中小学阶段都要学习、实践,坚持用《守则》来对照自己的言行,并诚恳地帮助同学,共同进步。

学校可以组织学生学习革命导师和科学家刻苦学习的故事,培养学生坚韧不拔的毅力;开展《科学用脑》、《头脑与潜力》、《增强记忆》、《体育与卫生》等科普讲座,帮助学生掌握科学的学习方法;广泛开展课外活动,扩大学生眼界,提高学习兴趣。各学科普遍成立课外活动小组或学科性的青少年爱好者协会,有计划地开展活动。

同学们参加这些活动,潜移默化地受到启发和教育,自觉地把日常学习生活与远大理想联系起来。

下面是一则案例:

某同学在初二时对理科学习有兴趣,将来想当个科学家。但对文科学习很不认真,政治、语文成绩都很差。老师赞扬、鼓励他有理想、有抱负,同时又启发他认识到,要实现远大理想,必须德、智、体全面发展,各学科全面发展,中学阶段打好坚实的基础,将来攀登科学高峰才有希望。老师还让他参加数学爱好者协会。协会通过有计划的开展活动,进行科学基础知识教育,传授科学思想和科学方法,培养严谨的治学态度,使他逐步懂得了从事科学研究,必须要有各科知识的坚实基础,在中学阶段就偏科是不行的。从此,他严格要求自己,全面发展,进步很快。

培养青少年热爱党的品德

热爱中国共产党,是中国人民在社会主义建设中凝聚成的高贵品德,是青少年应当继承和发扬的。对青少年加强热爱党的教育,逐步培养他们热爱党的品德是十分必要的。在中小学阶段,对青少年的这种品德怎样培养呢?

一、用道理和史实武装青少年头脑

知之深,爱之切。对党的深厚感情,来自对党的深刻了解。因此,要经常用道理和历史事实向青少年说明,为什么要热爱中国共产党。

平时,教师应结合课堂教学不失时机地向学生讲述热爱党、信赖党的基本政治观点。青少年每天在学校里上6~7节课,他们的主要时间和精力都用在课堂上。教师要认真挖掘教材内在的有关教育因素,有计划地纳入课堂教学之中。热爱党的教育同学校工作中最大量、最经常的教学活动结合起来,就有了落实的基础。

学校要注意结合形势、任务和学生的思想倾向,进行热爱党的专题教育。如《没有共产党就没有新中国》、《建设社会主义强国必须依靠党的领导》等,在这些专题教育中,老师要注意贯彻理论联系实际的原则,运用有说服力的历史事实和现实材料,深入浅出地讲清道理,同时又要注意针对青少年的年龄特点、知识水平和生活经验不足等实际情况,给学生以观察问题和分析问题的思想方法的指导。使青少年逐步懂得:没有中国共产党就没有新中国;只有中国共产党才能领导中国革命和建设从胜利走向胜利。

二、让党的形象在青少年头脑中树立

青少年活泼好动、爱好新奇,又长于形象思维。应该针对他们的年龄特点,有计划地开展共产党员英雄形象的教育活动。英雄形象能够引起青少年的丰富想象,产生良好的道德情感。英雄形象,能像灯塔一样在他们心灵中闪光,照亮他们前进的道路。

清明节,组织青少年祭扫烈士陵园,在烈士墓碑前学习烈士遗书、诗文,向烈士宣誓、表决心;毛主席、周总理诞辰纪念日,组织青少年缅怀毛主席、周总理等老一辈无产阶级革命家的丰功伟绩,学习革命先辈的伟大爱国主义精神;结合"七一""十一"等节日庆祝活动,请模范共产党员来校作报告,开展"学英雄思想、走英雄道路、创英雄业绩"活动;举办读书报告会,观看反映党的领导和共产党员光辉形象的电影、戏剧。这些活动能使青少年受到生动形象的教育。

三、对青少年提出热爱党的行为要求

在讲清道理的基础上,对学生提出热爱党的行为要求。使他们懂得:热爱党,就要听党的话,服从党的安排,维护党的利益,立志为实现党的事业而奋斗。作为一个青少年学生,最要紧的是以革命前辈为榜样,把为党的事业而奋斗的崇高理想同脚踏实地的学习、锻炼结合起来,努力学习政治、学习科学文化知识,使自己成为德、智、体全面发展的人,准备将来投身到伟大的建设事业中去,为实现国家富强、为实现共产主义的伟大理想贡献全部青春和力量。

在学校学习期间,学生还要自觉服从党组织的正确领导,积极响应学校的号召,响应团、队的号召,主动、认真地完成各项任务。服从组织分配,遵守组织纪律。敢于揭发和批评各种不良倾向和行为,维护党的利益。

学校不但要把这些要求贯穿到学校日常思想工作当中,贯穿到团、队活动当中,还要专门规定一些时间比较集中地进行这方面的教育。比如,结合《青少年修养》课的学习、团的知识教育和建团活动、毕业教育等引导青少年向老一辈无产阶级革命家和英雄模范人物学习,从小树立"听从党的安排",为党的事业努力奋斗的观念。

教育青少年热爱中国共产党,是青少年思想政治品德教育的重要内容。这方面的教育需要从小抓起,但又不是一劳永逸的。我们要根据新的历史时期党的总路线、总任务的要求,结合青少年学生的思想实际,把热爱党的教育长期坚持下去,培养青少年热爱党的政治品德。

加强对青少年的艰苦奋斗教育

"在几亿人口的大国建设共产主义,不是轻而易举的,孩子不要娇生

惯养,革命的后代,应该粗茶淡饭,从小过惯艰苦的生活。"这是彭松涛烈士和他的爱人江竹筠告别时讲的一段话。彭松涛和江姐作为革命者,盼望孩子继承父母的革命意志,这是不难理解的,但是他们为什么要以"粗茶淡饭"教育孩子呢？这是很值得我们深思的。现在,随着生活水平的逐步提高,人们把向青少年进行艰苦奋斗教育的问题逐渐淡忘了。青少年本身也有许多错觉。他们认为:过去讲艰苦奋斗,是革命战争的需要;今天再讲艰苦奋斗,是吝啬,没有必要了。一些青少年害怕艰苦,讲吃讲穿,劳动中稍微累一点就不想干了;上学路稍远一点就想坐车;中午带饭是粗粮就不好意思当同学面吃;遇事稍微不顺心就发脾气……父母对其进行忆苦思甜的教育,他们不但听不进去,还有反感。这些情况说明,对青少年加强艰苦奋斗教育,不仅有长远的意义,而且有现实的意义。

值得注意的是,在新的历史条件下对青少年进行艰苦奋斗教育,过去用之有效的某些方法可能不灵了,但这绝不意味着艰苦奋斗的精神过时了。过去的方法与当前青少年的思想特点不相适应,所以不灵了,我们应该注意探索新的、为青少年所乐于接受的方式、方法。

比如,现在青少年不愿意听父母唠唠叨叨地和他们比童年,那么,就可以用生动的故事去启迪青少年的思想。实际上,青少年很乐于听古今中外名人艰苦创业和艰苦奋斗的故事及红军爬雪山、过草地的故事,老一辈革命家艰苦奋斗、始终保持艰苦朴素作风的故事,科学家勤奋忘我的故事等。

我们敬爱的周总理生前几十年如一日,始终保持着勤俭节约、艰苦奋斗的无产阶级革命家的崇高本色。周总理的一套睡衣和睡裤,穿了20多年,穿破了就补,再破再补,白底蓝格的绒布已经磨成无绒无格的白布了。

自从我国自己能生产上海牌手表起,周总理就买了一块上海牌手表戴着。之后,他退掉了同志们送来的新型手表。这块上海牌手表一直陪伴着总理。

每当青少年听到这些故事的时候,许多人总是情不自禁热泪盈眶,暗自发出向周总理学习的心声。

针对青少年思想实际，讲一个好的故事，有如"随风潜入夜，润物细无声"的春雨，会对他们产生潜移默化的教育作用，滋润着青少年的心田，陶冶着青少年的情操。

青少年是追求进步、崇尚真理的。在进行艰苦奋斗教育时，要注意用理论去武装他们。当他们真正明白其中的道理时，就会积极、自觉地去做。比如，什么是艰苦奋斗？为什么说艰苦奋斗是革命的传家宝？艰苦朴素与青少年健康成长有什么关系？为什么说奢侈和贪图安逸会使人丧失锐气，节约和艰苦朴素能磨炼人的意志？生活条件好了，还要不要艰苦朴素？诸如这些问题，都包含着深刻的哲理。青少年由于年龄小，知识少，社会经验不足，不了解其中的道理。团组织应积极组织团员和青年开展讨论，在自由讨论中启发他们看书、学习、思考，逐步弄清道理。在这方面，可以做很多工作：召开团员和团的积极分子大会进行动员，讲清开展讨论的目的、意义和要求，并针对团员、青年当中存在的模糊认识，提出一些讨论题和思考题；举办座谈会，组织参加讨论的团员、青年，把自己的观点、意见和体会写成文稿，刊登在墙报上；在座谈的基础上，召开讲演会。参加讲演的人比较集中地阐述一个问题，对青年们作进一步地启发和引导等等。

学校通过开展这些活动，使青少年比较清楚地认识到革命和建设，现在和将来都离不开艰苦奋斗。没有艰苦奋斗的精神，任何伟大的事业都不能取得胜利。个人的成长也是一样，要有一番作为，对社会做出贡献，实现自己的理想和抱负，也离不开发愤图强、艰苦奋斗；提倡艰苦奋斗，并不是故意要人们去吃糠咽咸菜，穿破衣烂衫。艰苦奋斗是作为一种美德和精神力量提出来的，指的是在为革命理想和美好事业的奋斗中，不怕艰难困苦的精神和坚韧不拔的品质。因此，不要光注意在生活上艰苦朴素，还要注意在思想作风、意志品质方面加强磨炼，锻炼吃苦耐劳、坚韧顽强的精神。

对青少年进行艰苦奋斗教育,还要注意多表扬先进,树立典型,从正面加以引导。榜样的力量是无穷的,而且榜样越是靠近,其推动力越大。所以,在宣传古今中外名人艰苦奋斗的榜样的同时,还要注意在各种活动中发现青少年当中出现的具有艰苦朴素作风和艰苦奋斗精神的好人好事,选择典型事例,反复扩展宣传,为青少年树立身边的榜样,引导他们从大事着眼,从小事做起,在日常学习生活中一点一滴地锻炼自己。这样,就一定能使老一代革命家艰苦奋斗的精神在这一代人身上发扬!

做一名优秀的学生

中小学是人生经历中重要的阶段。在这个阶段,记忆力和理解力迅速发展,正是长知识的极好时机;在这个阶段,学生感觉敏锐,思想活跃,最容易接受外界影响,是世界观形成的重要时期;在这个阶段,学生成长加快,体重猛增,机体能力明显提高,是长身体的重要时期。中小学阶段,德、智、体各方面打下什么样的基础,对以后的发展关系很大。所以人们常说,中小学时代是人生征途中的黄金时代,是立志的时代、长知识的时代,也是长身体的时代。这样的时代属于每个人只有一次,机不可失,时不再来。迈进学校大门的每一个同学都应该十分珍惜学生时代的生活,争取在德、智、体各方面都打下一个坚实的基础。

如果把学生阶段的基础分成三个等级,那么可以说:一是合格,二是优秀,三是高标准。

合格,就是能遵守《学生守则》,学科成绩又能达到 60 分以上。这一点必须做到。试想,一个中学生违反了《学生守则》的哪一条能行呢?学科成绩达不到 60 分也不容易跟上老师的讲课节奏。所以遵守《学生守则》和达到 60 分是最起码的要求。

达到优秀,就是一般所说的"三好",即思想品德好,学习成绩好,锻炼身体好。

作为一个学生,不能只满足于合格,而应争取达到优秀,有条件的还要奔向更高的标准。但这并不是光有决心就能实现的。因为在起点和目标之间有一段很长的距离,前进的道路上可能还会有许多障碍。要顺利通过这段路程,需要有前进的动力。

动力从哪里来呢?

动力来源于一种责任感,对祖国、对人民的责任感,对父母、对家庭的责任感,还有对自己的责任感。当在前进中遇到困难的时候,一想起自己肩负的责任,便会产生一种内驱力,督促自己战胜困难,继续前进。所以,有了责任感,就有了动力,责任感越强,动力也就越大。

翻开中国近现代革命史,我们可以看到,成千上万的革命先烈为了民族的解放,为了子孙万代的幸福,把个人得失、安危置之度外。在革命征途上,他们流血牺牲,前仆后继,一往无前;在反动派的皮鞭、刺刀、枪弹面前,他们大义凛然,视死如归。他们何以有这样强大的精神力量?就是因为他们能自觉地以国家兴亡、民族解放为己任,对国家、对人民有高度的责任感。

今天,我们国家已经进入一个继往开来的伟大新时代。实现民族复兴的伟大历史重任责无旁贷地落到了年轻一代的肩上。当代青年应该自觉地以实现民族复兴为己任,勇敢地去攀登科学技术的高峰。当遇到困难的时候,想想老一辈革命家等光辉榜样,再想想自己肩负的历史使命,便会勇气倍增,困难也就不在话下了。

对自己父母的责任感也是动力的来源。

有一首为父母和孩子写的诗叫作《为了花朵》,寓意极为深刻,读后发人深省:

我们种瓜

我们栽果

我们欢笑

我们高歌

我们以血肉之躯

播种爱情

生命树上

爱情开出鲜艳的花朵

……

人类爱自己的花朵

是爱自己庄严的寄托

希望、理想、信仰……

都会在果实里活着

悠闲的养花人

有悠闲的欢乐

辛勤的育花人

却会有忧愁来折磨

夏愁酷暑

冬愁风寒

日夜担心

虫害和疾病发作

我们爱花朵

是不让未来从枝头凋落

我们爱花朵

是要收获更丰硕的成果

为了花朵我们像根

日夜在泥土深处劳作

为了花朵我们像叶

每天在空中把阳光捕捉

……

经常想一想父母的恩德,体谅父母的心情,准备报答父母的恩情,就会产生一股强大的力量,鞭策自己努力向前,不敢惰怠。

最后,还有对自己的责任感。路,最终是靠自己走的。自己要对自己负责。为了将来不后悔,现在就要努力。汉代乐府民歌《长歌行》写道:"青青园中葵,朝露待日晞。阳春布德泽,万物生光辉。常恐秋节至,焜黄华叶衰,百川东到海,何时复西归?少壮不努力,老大徒伤悲。"

诗人用田园中的向日葵和清晨的露水作比,劝诫人们切莫浪费青春,虚度年华,不要到老来后悔莫及。

学生正当风华正茂之年,应该经常想一想自己将来要成为一个什么样的人?包括政治理想、道德理想和职业理想。如能树立起远大的革命理想,那么在前进道路上遇到困难的时候,理想就变成动力,督促自己坚持拼搏,不断取得新的胜利。

有了前进的动力,还要掌握科学的学习方法。关于方法问题,毛泽东同志有一个最生动的比喻。他说:"我们不但要提出任务,而且要解决完成任务的方法问题。我们的任务是过河,但是没有桥或船就不能过。不解决桥或船的问题,过河就是一句空话。不解决方法问题,任务也只是瞎说一顿。"对于完成学习任务也是这样。不掌握科学的学习方法,往往事倍功半。用错误的学习方法进行学习,下的功夫越深,浪费的时间和精力越多,而且学习效率得不到提高。而掌握了比较科学的学习方法,就能够不断提高大脑的活动效率,取得事半功倍的效果。取得了好的学习成绩,又可以振奋学习精神,进一步增强学好功课的信心和力量,使自己对未来充满信心和希望。这又能促使自己更加勤奋地学习,更加注意总结自己的学习经验,创造出具有自己风格特点的学习方法。这是一种良性循环,下的功夫越深,取得的学习成绩就越大。

当然,要做一名优秀的学生还需要加强各方面的修养,包括政治修养、思想修养、道德品质修养、审美修养、体育修养等等。

热爱祖国

1979年7月，一辆小汽车载着一家5口人，驶进了中国驻巴西大使馆。使馆的负责同志接待了他们，和他们进行了真挚的谈话。

"我们想回祖国，希望得到使馆的帮助。"

"你们要求回国，祖国十分欢迎。但国内目前经济条件比较差，各方面困难很多。你们全家回国，还请慎重考虑。"

"这些我们听说了，也考虑过了。条件差，算不了什么；困难多，说明更需要人。"

"你们最好先回去一个人看一看，再作最后决定。"

"不用了。这件事，我们已经决定了。"

答话的是客居巴西的战志果、林贵美夫妇，旁边是他们的十几岁的三个孩子。

林贵美从小在台湾省长大，毕业于国防医学院，是护理专家。她丈夫战志果是耳鼻喉科专家。1975年，他们全家旅行到巴西，夫妇俩受当地医院聘请，在那里工作了4年。

这一家人为什么这样急于回国？

是在巴西的日子过不下去吗？不是。他们每月有2000多美元的收入，有自己的房子、汽车、电气化的家庭用具……

是不能发挥自己的技术专长吗？也不是。战志果被聘为医院的副院长，林贵美被聘为医院护理部主任。

那么，是什么力量促使他们要回祖国呢？在巴西，战志果对家里人说："我们长着中国人的面孔，我们有自己的祖国，有本事不为祖国服务，还有什么意义呢？"林贵美也曾对记者说："走遍天下路，还是祖国好，海外花花世界，毕竟是异国他乡。祖国再穷，也是我们的母亲，为母亲服务，是人之常情。"

为了回到祖国母亲的怀抱，把自己的学识献给社会主义事业，优裕的物质条件、舒适的生活环境，拴不住他们的心。就在留居四年期满，可以加入巴西国籍的时候，战志果、林贵美全家毅然回到祖国。

试问，谁能不被战志果一家热爱祖国的精神所感动呢！我们中华民族历来有热爱祖国的光荣传统。几千年来，我们中华民族对内反对阶级压迫，对外反对侵略，进行过无数次轰轰烈烈的革命斗争，涌现出许许多多可歌可泣的英雄人物：那"虽九死其犹未悔"的屈原、那"留取丹心照汗青"的文天祥、那"驱除鞑虏，恢复中华"的孙中山、那"砍头不要紧，只要主义真"的夏明翰，他们的名字都深深地印刻在中国人民的心坎上。

同学们读过《可爱的中国》吧，方志敏同志身陷囹圄，可是他想到的不是个人的安危，而是祖国的前途和命运。他在敌人的屠刀下用血写成的《可爱的中国》，表达了一个共产党员炽热的爱国之心。

今天，烈士的预言早已实现了。我们伟大的祖国"到处都是伟大的创造，到处都是日新月异的进步"，欢歌代替了悲叹，笑脸代替了哭脸，富裕代替了贫穷，健康代替了疾苦，智慧代替了愚昧，友爱代替了仇杀，生之快乐代替了死之悲哀，明媚的花园代替了凄凉的荒地！我们的民族毫无愧色地屹立在世界人民的面前，而生育我们的母亲，也正美丽地装饰起来，与世界上其他母亲平等地携手了。

作为一个中学生，加强思想政治修养，保持和发扬中国人民的民族自尊心和自豪感，热爱社会主义祖国，警惕和抵制资本主义思想的侵蚀，反对任何崇洋媚外的意识和行为，这是非常重要的。

同时要从认识祖国的富饶美丽、悠久历史和各族人民勤劳勇敢、勇于创造的光荣传统开始，增强民族自尊心、自信心和自豪感。我们伟大祖国有辽阔的疆土、丰富的资源。壮丽的山河和丰富的资源为我国社会建设提供了优越的条件。我们伟大祖国是世界四大文明古国之一，我国的指南针、造纸术、印刷术和火药的发明都早于欧洲人。这四大发明,对人类文明的发展起了巨大的促进作用。早在古代,我们的祖先就放眼世界:张骞出使西域开通丝绸之路,玄奘西游印度,鉴真东渡日本,郑和七下西洋⋯⋯中华民族是富有自信力和创造力的伟大民族,这是值得我们骄傲和自豪的。

要加强政治理论学习,深刻认识社会主义制度的优越性,激发"我爱祖国,我爱社会主义祖国"的激情。

要关心国家大事,把自己的前途命运与祖国的前途命运联系起来,增强对祖国、对人民的责任感,积极与危害社会、国家和集体利益的不良倾向和行为做斗争,从小树立建设祖国和保卫祖国的志向,并把它与现在的学习生活紧密联系起来,成为促进自己德、智、体全面发展的动力。

热爱人民

热爱人民,一切从人民的利益出发。凡是符合人民利益的事就做,不符合人民利益的事就不做,损害人民利益的事就坚决反对。当个人利益同人民的利益发生矛盾时,服从人民的利益,牺牲个人的利益,必要时为人民的利益贡献自己的一切。这是我国青年应当具有的优良品德,也是中学生修养的重要内容。

历史是人民群众创造的,不是英雄豪杰创造的。19世纪末至20世纪初德国杰出的马克思主义理论家弗兰茨·梅林把崇拜伟大人物"创造历史"的个人迷信比之为"精神上的瘟疫"。他说:如果一个民族沾染上这种精神上的瘟疫就会变得衰弱,就会像飞蛾扑火那样堕入奴隶境地。因为一个人的智慧无论多么卓越,比起集体的智慧、人民的智慧总是微小的,一切真正伟大的理想只能从人民的智慧中产生出来。

梅林的这些话讲得很形象、很生动。人民是伟大的。毛泽东同志在总结中国革命的经验时指出:"兵民是胜利之本。"讲的也是这个道理。

翻开中国革命斗争的历史可以更清楚地看到这一点。想当初,蒋介石800万军队,美式武装,不可一世,但是,他逆历史潮流而动,遭到人民的反对,很快被推进历史的垃圾堆。而共产党领导的工农红军,开始只有几万人,小米加步枪,最终却战胜了强大的敌人,原因就在于中国共产党领导的工农红军顺应历史潮流,代表人民的利益,得到了人民群众的支持。

人民是可敬可爱的。为了中国革命的胜利,军队打到哪里,人民就支援到哪里:母亲送儿打豺狼,妻子送郎上战场……在整个支前过程中,数以万计的民工立了功,许多人被选为模范,大批积极分子锻炼成为干部;大批先进分子确立了共产主义信仰,加入了伟大的中国共产党。他们把伟大的革命理想和现实的支前任务联系起来,团结了广大支前民工,更响亮地喊着:"解放军打到哪里,我们就支援到哪里!"这口号是完完全全地实现了。胶东一个姓潘的担架队员,从平度家乡出发时,带了一根当作拐杖的竹竿,每过一个地方,就在竹竿上刻一个地名。最后,在这支竹竿上,竟留下了山东、江苏、安徽、河南4省72个城镇的名字。这是伟大的人民用艰苦卓绝的行动写下的名字,是千百万解放区人民用对革命战争全力以赴的精神写下的名字。

总之,人民群众创造了社会的物质财富,奠定了社会存在和发展的基础。在阶级社会,人民群众所进行的阶级斗争,是推动社会前进的直接动力。社会主义和共产主义建设事业,也只有依靠人民群众的力量才能取得成功。因此,把个人置于人民群众之中,和人民群众融为一体,热爱人民,为人民服务,这也是社会的存在和发展向人们提出的要求。

懂得了"人民伟大、人民可敬可爱"的道理之后,就要自觉地培养热爱人民的感情,从小树立为人民服务的思想。

雷锋同志在自己平凡的一生中寻找一切机会为人民服务,把自己生命的每一分钟都献给了人民,为我们树立了光辉的榜样。这里我们不妨重温一下雷锋同志热爱人民、为人民服务的故事：

这天，雷锋因公出差，踏上了从抚顺开往沈阳的列车。上了车，他看到旅客很多，连忙把自己的座位让给了一位老人。他又看到列车员很忙，就动手帮着扫地，擦玻璃，收拾小桌子，给旅客倒水，帮助妇女抱孩子，给老年人找座位，帮助中途下车的旅客拿东西。一些旅客不住地招呼他：

"同志，看你累得满头汗，快过来歇歇吧！"

"我不累。"

为人民服务，雷锋是永远不知道累的。

在沈阳换车的时候，一出检票口，发现一群人围着一个背着小孩的中年妇女，这个说："你再找一找，是不是装错了地方？"那个说："到吉林去的车快开了，大嫂丢了车票，咱们帮着找一找。"雷锋见那中年妇女很着急地把所有的衣袋翻了一遍又一遍，就上前问道：

"大嫂，你把车票搞没了？"

"俺从山东来，到吉林去看望孩子他爹。"那中年妇女说，"不知啥时候，把车票和钱都丢了。"

雷锋用手摸摸自己的衣袋，说："大嫂，别着急，跟我来吧。"

那中年妇女跟着雷锋来到售票处。雷锋用自己的津贴费，补了一张车票，塞到她手里说："大嫂，快拿着上车吧，车快开了。"

那大嫂看着手中的车票，眼里含着热泪说："大兄弟，你叫什么名字，是哪个单位的？"

雷锋笑了笑，心想这大嫂真有意思，大概还想还钱呢，就说："大嫂，别问了，我叫解放军，就住在中国。"

那中年妇女满心欢喜地朝着检票口走去，还不住地回头向雷锋招手……

雷锋出完差，从丹东回来，早晨五点多在沈阳换车。他过地下道时，在熙熙攘攘的人流中,看见一位白发苍苍的老大娘,拄着棍,背个大包袱吃力地走着。

"大娘,您到哪里去?"雷锋赶上前去问道。

"俺从关内来,到抚顺去看儿子。"老人喘着气说。

雷锋一听,跟自己是同路,立刻把包袱接过来,一手扶着老人,说:"走,大娘,我送您到抚顺。"

老人高兴得不知说什么好,对雷锋一口一个"孩子"地叫着。等雷锋扶着老人上了车,车厢里已经坐满了人。他正想给老人找个座位,身边有个学生站了起来,让老人坐下了。雷锋就站在老人身边。老人将身子往里边靠了靠,空出一点地方说:"孩子,你也坐下吧!"

"孩子……"每当他听到这亲热的称呼,就像母亲叫着他的小名那样亲切。他问老人的儿子是干什么的,住在哪里。老人说,她儿子是工人,出来好几年了,她第一次来抚顺,还不知道儿子住在什么地方呢。老人掏出一封信,递给雷锋说:"你看看,可知道这地方?"

雷锋看了信上写的地址,他也不知道。但他了解老人找儿子的急切心情,就说:

"大娘,您放心,我一定帮您找到。"

"那太好了!"老人高兴得眉开眼笑。

火车进了抚顺站,雷锋背起老人的包袱,搀着老人下了车,在大街上东打听,西打听,找了两个多小时,终于帮助老人找到了儿子。母子见了面,老人家第一句话就说:

"若不是这孩子送我,娘怕还找不到你呢。"老人的儿子拉着雷锋的手说:

"同志,谢谢你呀!"

雷锋说:"谢什么,这是我应该做的。"

雷锋走时,母子俩恋恋不舍,送出了很远很远……

一个阴云密布的傍晚,雷锋刚擦洗完汽车,突然下起雨来。雷锋连忙跳上车去,正拉着帆布盖车,一抬头,发现公路上有个妇女带着两个孩子,怀里抱着个小的,手里拉着个大的,肩上还背着个包袱,在大雨中一步一滑地走着。雷锋心里一愣:"这不把孩子淋病了吗!"他赶忙盖好车,迎上前去。一打听才知道,那妇女姓纪,是从哈尔滨探亲回来,刚下火车,要到樟子沟去。

"同志呀!我遭老罪啦。"那妇女急切地说,"雨把我都浇迷糊了,也不知往哪儿走了!"

雷锋心想:樟子沟离这儿还有十多里,天又快黑了,雨还哗哗地下着,这大嫂背着包袱,带着孩子,深一脚浅一脚的,可怎么走啊!想到这里,他回班里交代了一下,转回来对大嫂说:"走,大嫂,我送你一程。"雷锋把雨衣披在大嫂身上,又抱起那个大一点的孩子,冒着风雨朝前走去。他看到那孩子冷得直打哆嗦,又脱下自己的军衣,披在孩子身上,而他自己全身都浇透了。一直走了将近两个小时,才把她们母子送到家。纪大嫂两眼含着热泪望着雷锋,呆了好一会儿,才一字一句地说:

"同志,我一辈子也忘不了你的情意啊!"

雷锋说:"大嫂,咱们军民是一家嘛……"

纪大嫂一家人,再三挽留他避避雨再走。雷锋想到明天还要照常出车,不能耽搁时间,就冒着风雨连夜赶回了驻地。

1961年夏天,雷锋奉命到佳木斯执行任务。8月3日,他乘车回沈阳,照样扶老携幼,帮助列车员忙这忙那。第三包乘组的列车员小王,见他一刻也不闲着,立刻想起了她在报纸上读过的雷锋事迹,心想这个浓眉大眼的年轻战士,会不会就是雷锋呢? 她刚想上前问一问,恰巧列车到了滨江站,外面下着很大的雨,装卸工人们都忙着苫盖站台上的行李。火车一停,雷锋就冒着大雨下了车,和装卸工人们一起干起来,一直干到开车铃响。小王见他上了车,衣服都淋透了,鞋上沾满了泥水,便上前问道:

"同志,你叫什么名字?"

"你问这个干什么?"雷锋笑着说。

"如果我没猜错的话,你就是雷锋同志!"

"雷锋也很平常……"雷锋谦虚地微笑着。

小王立刻把这件事告诉了列车长和其他列车员。大家都抽空儿跑来看望雷锋,和他交谈怎样学习毛主席著作、怎样为人民服务的体会,一直到了沈阳,全部旅客都下了车,雷锋又同列车员一起打扫完车厢,才离开车站。

人们都这样称赞说:"雷锋出差一千里,好事做了一火车。"

1962 年春节,同志们都愉快地在一起参加各种文娱活动。雷锋和大家打了一会儿乒乓球,心里却觉得有件什么事没做似的。原来他想到每逢年节,正是各种服务部门和运输部门最忙的时候,这些地方是多么需要人帮忙啊。他立即放下乒乓球拍,向副连长请了假,直奔抚顺瓢儿屯车站,帮着打扫候车室,给旅客倒水,帮助旅客上下车。车站上的同志以为雷锋又是趁出差机会,在这里为大家服务,于是问道:

"雷锋同志,春节还出差吗?"

"是啊! 春节你们太忙了,我来出个公差……"

"这……"车站上的同志感动地说,"你辛苦了,休息休息吧!"

"做这点事累不着。"

……

雷锋就是这样永不停息地为人民做好事。

（选自《雷锋的故事》）

从雷锋同志闪光的事迹中我们可以看到，为人民服务不是"长大以后的事"，而是要从现在做起；也不是"干大事才叫为人民服务"，应该从身边的一件件小事做起。当然，从长远来说，作为一个学生，主要任务是完成好当前的学习，从德、智、体各方面打好坚实的基础，为将来参加工作做好准备。这种努力掌握为人民服务本领的实际行动就是热爱人民的具体表现。我们应该把长远的努力方向和当前的实际结合起来，像雷锋同志那样，在日常生活中，在平凡的小事上，一点一滴地锻炼自己，在为人民服务的过程中，培养热爱人民的高尚感情。

珍惜时光

时光即时间、光阴，是无价之宝。"一寸光阴一寸金，寸金难买寸光阴"，说出了时光的价值。"时间就是生命，时间就是速度，时间就是力量，时间就是效率"，说出了时光的作用。"光阴似箭""逝者如斯"，又说出了时光的速度快、转瞬即逝的特点。时光有着这样的重要性，人们便要重视它、珍惜它。

历史与现实都告诉我们，凡是珍惜时间的人，就会做时间的主人，赢得时间，延长生命，奋力拼搏，为社会做出卓著的贡献。鲁迅先生少年时代就在"三味书屋"的课桌上刻下了"早"字，激励自己珍惜时光。他惜时如金，永远进取，直至逝世前十几个小时还在写日记，看报纸。他为人类文学宝库留下了八百万字的宝贵文学遗产，为中国文化事业做出卓越的贡献。张海迪5岁时因患脊髓血管瘤导致高位截瘫。她在日记中写道："我必须抓紧时间学习。时间浪费掉，这是最可惜的。时间就是生命啊！"她在党和人民的关怀帮助下，惜时如命，于病榻上自学了小学和中学的课程,阅读了 1 000 多册书,并学会了四国语言,其中英语达到了大学水平,又翻译了 16 万字的英文作品和资料。她说:"我盼望着一天能当两天用,珍惜自己青春的分分秒秒,用勤奋学习和工作来延长我的生命。"她还为群众治病达一万多人次。被团中央授予"优秀共青团员"的光荣称号,成为"青年先锋,时代楷模"。

时光宝贵,青春时光尤其值得每个学生珍惜。学生阶段是人生的黄金时代,是人才成长打基础的重要时期,是人的一生中精力、体力、创造力最旺盛的时期。然而,学生阶段又非常短促,而学习任务又很重。晋代诗人陶渊明写道:"盛年不重来,一日难再晨。及时当勉励,岁月不待人。"种庄稼有农时,人才有学时。误了农时影响一季,误了学时影响一生。每个中学生一定要十分珍惜时光,尤其珍惜青春的时光。

要珍惜时光,就要科学使用、巧妙运筹时间。

首先,要学会节省时间。鲁迅说:"节省时间,也就是使一个人有限的生命,更加有效,而也即等于延长了性命。"而目前有的中学生,在课堂上,东瞅西望,摆弄东西,心不在焉,神驰遐想。几个 40~50 分钟,若"白驹之过隙,忽然而已"。课外则贪玩乱动,斗嘴打闹,争看庸俗小报,甚至贪看电视到深夜 11~12 点,而"时间像奔腾澎湃的急流,它一去不还,毫不留连"。他们还常常干扰影响别人,自习课谈天说地,空耗青春时光而毫不在意。鲁迅先生曾尖锐指出:"无端的空耗别人的时间,其实是无异于谋财害命。"茅以升也说:"任何一点对时间的点滴浪费,都无异于一种慢性自杀。我们必须全速前进!"

作为学生,我们要提高认识,增强时间观念,改变随意支付时光、影响干扰别人的坏习惯,珍惜时间,抓紧时间,节省时间。当然,这里还有一个培养自制能力和自控能力的问题。

其次,要充分、合理地安排利用好大段的集中的时间。要学会运筹好时间,就是要通过有目的有计划的安排,使青春的时光、学习的时间,利用得尽量充分、日趋合理。夸美纽斯说:"时间应分配得精密,使每年、每月、每天和每小时,都有它的特殊任务。"苏联昆虫学家柳比谢夫,从 26 岁起,每天都以分为单位进行时间核算。每月一小结,每年一总结,56 年如一日。而他一生发表了近 70 部学术著作,12500 多页打字稿论文、专著。他卓有成效地充分利用时间,最终获得丰硕的科研成果。我们应学习他的经验,也应精心规划青春的时光。制订全面的科学的计划与安排,有长打算,短安排,日作息,以防顾此失彼,挂一漏万,忙乱不堪,真正做到使时间得到充分、科学的运用,力求不浪费一分一秒。正如夸美纽斯所说:"合理安排时间,就等于节约时间。"科学合理地安排时间,就必须结合我们学生的心理状态、生理特点,来挖潜和想办法。要学会运用心理佳境,提高在单位时间内的学习效率。如,创造愉悦的环境,听课读书;在热烈的讨论中,互相启发;抓紧在记忆遗忘前重复学习等等。还应当考虑生理因素,巧妙地支配时间,以趋更科学更合理,从而有效地提高学习效率。要依据当今科学研究的成果,结合自身的生理特点,去逐步实验、摸清自己生命的节奏、自己生物钟的韵律。具体来说,要摸清:每天 24 小时自己生理变化的规律是什么;在什么时间里自己的精力最旺盛、最充沛;哪段时间记忆最佳;何时自己的分析理解力最强等。我们每个同学要学会运用这些办法,科学合理地支配时间,安排学习内容、活动计划,提高学习效率。

再次,发挥"挤"劲,灵活机动、见缝插针地利用好零散时间。鲁迅先生说:"时间就像海绵里的水一样,只要你愿意挤,总还是有的。"在这方面古今中外的有识之士为我们提供了许多可以借鉴的经验。东汉董遇就是利用"三余"(冬闲、夜闲和雨闲)读了大量的书。宋朝著名散文家欧阳修说:"我的文章,多数是利用'三上'进行艺术构思,打腹稿的。所谓'三上',就是马上、枕上和厕上。"毛泽东、陈毅的许多诗篇都是战斗、行军中在马背上写就的。革命烈士孙炳文抓紧分分秒秒勤奋攻读，常常把星期天当作星期七。他在书页上自批道："自今日始，每日至少读此书十页，虽是星期天不以废；炳文，世人有星期，汝独无！识之！"这种珍惜时光，争分夺秒，刻苦读书的精神、良好的方法，很值得我们每个同学好好学习。我们就应当发扬这种精神，抓紧零散时间，灵活机动、见缝插针地学习，这样日积月累，效果一定很可观。比如，候车、乘车、开会、排队的时间，都可抓过来，这样积少成多，必有好处。鲁迅先生晚年身体欠佳，仍然把别人喝咖啡的时间，都花在读书、写作、工作上了，"常常整天没有休息"，"有时甚至一面吃药，一面做事，拼命译作、编印、校对"。雷锋也是靠"挤"劲，利用许多零散时间，学马列主义毛泽东思想，学文化科学知识，后来成长为共产主义战士。

要珍惜时光，就得抓住"今日"，从"今"做起。

我们有的同学虽然听懂了珍惜时光的道理，但却做不到，常常羡慕别人，又往往把希望寄托在明天。结果真的是"明日复明日，万事成蹉跎"。革命先烈李大钊曾说："我以为世间最可宝贵的就是'今'，最易丧失的也是'今'。因为它最容易丧失，所以更觉得它宝贵。"

我们每个同学都应珍惜学生时代的青春年华，抓住今天这个最现实的时间，从自身做起，做有理想、有道德、有文化、有纪律的新人。

强 健 体 魄

健康的身体是进行日常生活、学习和工作的物质基础。对于这个道理，身体健康的人往往体验不深，只有在生病的时候才能真正体会到健康的可贵。有些人由于年轻时不注意体育锻炼，身体素质很差，随着年龄的增长，各种毛病都找上来了，未老先衰，后悔莫及。许多体弱多病的老年人感慨地说，如果我能有第二次生命，那我一定从一开始就注意锻炼身体。

青少年生命力旺盛，对于锻炼身体不容易产生紧迫感。有些人甚至用一些"理论"来为自己不参加体育锻炼辩护。有的人认为,自己没病,体质好,不锻炼也一样;有的人认为,吃得好,身体就能好,不锻炼也一样;还有的人认为,锻炼身体要花费时间,影响学习,等考上大学再锻炼。

这些"理论"都是不对的,至少是很不全面的。有没有病只是体质好坏的标志之一。增强体质还包含其他一些重要方面。比如,提高身体的生理机能。人体在进行体育锻炼时,新陈代谢旺盛,身体的器官、系统都积极地参与活动,这对于人体,特别是对于尚未发育成熟的器官有很好的促进作用。经常参加体育活动,不断地促进各器官系统的发育,久而久之,这些器官系统也就会发育得健壮,工作能力也就会得到提高。据调查统计,在10~14岁这个年龄段,经常参加体育锻炼比不经常参加体育锻炼的人,身高平均要高出4~8厘米。在15~20岁这个年龄段,一般人的呼吸差(尽量吸气时与尽量呼气时胸围的差,叫呼吸差),只有5~8厘米,而经常锻炼的人,呼吸差可达到9~16厘米。这说明肺活量增大,呼吸深度加深。

体育锻炼对血液循环系统机能也有良好的促进作用。体育锻炼,加速了全身的血液循环,使心肌得到更多的营养物质,心肌逐渐增强,心壁增厚,心脏容积增加,一般人约为700毫升,而运动员可达到1 000毫升以上。由于容血量的增加,心跳频率减慢。一般人每分钟心跳70~80次,经常运动的人每分钟心跳50~60次,优秀运动员甚至能减少到每分钟心跳40多次。

这说明运动员的心脏收缩力强,每搏一次输出血量很大。因此,在运动量相同的条件下,经常从事体育锻炼的人不易疲劳,而且恢复较快。

经常参加体育锻炼,还可以使大脑皮质兴奋性增强,抑制加深,兴奋和抑制更加集中,神经过程的灵活性提高。总之,经常参加体育锻炼,可以使身体各个器官的生理机能得到提高。这对正处于迅速发育成长时期的学生来说,直接关系到打下一个什么样的身体基础。所以,学生的体育锻炼较之成年人更为重要。

吃好的，能不能代替体育锻炼呢？当然不能。吃得好，保证身体摄取必要的营养，这确是保障身体健康的一个重要方面。但吃得好不等于消化、吸收得好。如果身体各器官的生理机能很差，即使有好的饭菜也吃不下去，勉强吃得下，也吸收不了。不是有些身体不好的人一到吃饭就发愁吗！相反，身体很健康的人，吃什么都觉得很香甜。所以，不要把身体健康仅寄托在食物上，更要寄托在体育锻炼上。

至于怕参加体育锻炼误了学习，等考上大学再锻炼，那就更是不对了。"磨刀不误砍柴工"，要想提高学习效率，最重要的条件就是头脑清醒，连续较长时间的学习也无倦意。精疲力竭的人学习起来速度既慢，效果又差。漫不经心地学习半天，不如聚精会神地学上一个小时。经常坚持体育锻炼，虽然用去了一些时间，但体质增强了，提高了大脑神经细胞的机能，学习起来头脑清醒，思维敏捷，事半功倍，就把锻炼身体用去的时间全部赚回来了。

提高了对于体育锻炼的认识，参加锻炼时还要遵守科学锻炼身体的方法。不讲究锻炼方法，凭主观热情，盲目地锻炼，不仅不容易取得良好的锻炼效果，有时甚至会损害健康。

第一，要从增强体质出发，全面锻炼。青少年正在长身体，对身体各个部位、各个器官系统进行全面的体育锻炼，对于促进正常的生长发育和身体全面、均衡的发展是十分重要的。因此，既要发展运动器官，又要锻炼内脏器官，特别是对于呼吸和血液循环系统的锻炼更为重要。从身体素质的角度看，既要发展速度、灵敏，又要发展力量和柔韧等素质。实际上，学校里的体育课和课外体育活动都会贯彻这一原则的。重要的是同学们要自觉地认识到这一点，对于老师安排的各项体育活动要积极参加，而不偏重于哪一个方面。

第二，要坚持锻炼，持之以恒。有些同学高兴时锻炼积极，碰到心情不好或者刮风下雨就不想活动了。这样三天打鱼两天晒网，是难以收到预期的效果的。锻炼身体的过程，也是锻炼意志的过程。要培养坚强的意志，即使学习再紧张，生活环境再困难，气候条件再恶劣，也要坚持下去，使体育锻炼成为日常生活的重要组成部分。这样长期坚持下去，才能获得良好的效果。

毛主席、周总理等老一辈无产阶级革命家，即使在革命战争的艰苦环境里，仍然坚持锻炼身体。他们到了晚年虽然日理万机，但依旧能精力充沛地工作，这和他们从青少年时代起就注意体育锻炼而打下坚实的身体基础是分不开的。

革命导师列宁特别重视锻炼身体。即使在监牢里，也将时间分配好。他经常锻炼身体，每天都用冷水擦身，并且严格按照程序阅读各种书籍。在给家里写信的时候，列宁很关心地问到他那位被关在监牢里的弟弟时说："首先，你是否注意到监牢里的饭食？大概没有。而这在我认为是很重要的。其次，他是否运动？大概又没有。而这又是很重要的。至少从我自己的经验里，我可以说，我每天在睡觉之前运动一下身体，使我得到很大的乐趣与益处，运动之后，你的身体可以发热到这样厉害，甚至在最冷的天气你也可以感到温暖，在监房里虽然很冷，你却可以一直睡得很好。"

我们应该以革命领袖为榜样，为了将来能更好地担当起社会主义建设的重任，施展自己的宏图大志，一定要坚持锻炼，打好身体基础。

第三，要循序渐进，逐步提高。不论安排运动量还是学习运动技术，都不要操之过急，应从实际出发。体育锻炼后，如果没有血压降低、脉搏急促而微弱、面色苍白、出冷汗、头晕、恶心、睡眠不好、食欲不振、长期不能消除疲劳等不良现象发生，就是正常的。每次锻炼后感到有些累，但通过休息很快就能恢复正常，这不能算运动过量。否则，运动量太小也达不到预期的锻炼目的。运动量的大小自己要注意掌握，适当调节。学习运动技术和运动技巧，应从自己的体育基础出发，由易到难，由简到繁。操之过急,不仅不容易掌握,甚至还会发生伤害事故。

每次锻炼之前,要注意做好准备活动,锻炼之后,要做好整理活动。这同汽车开动时速度要由小到大,汽车将要到站时速度要由大到小,道理是一样的。

"身体是革命的本钱",过去老一代人常用这句话来勉励自己注意锻炼身体。今天,青少年也应该认识到,自己体质的好坏,不仅直接关系到个人生活,而且关系到社会主义建设生力军的素质质量问题。因此,锻炼身体也是每一个学生应尽的社会职责。每一个学生都要像老一代革命家那样,为革命而积极参加体育锻炼,把身体锻炼得结实而健壮,以便担负起建设祖国和保卫祖国的光荣任务。

生活规律化

许多学者、名流都很讲究生活规律。他们支配时间十分严格,起床、工作、吃饭、休息和睡眠的时间都很有规律,并且始终如一。工作效率因此大为提高。但有些青少年同学对于生活规律化的认识不足,重视不够,生活没有规律。

表现在学习上,高兴了,学习起来忘了休息;玩高兴了,又收不回心来学习。有时白天贪玩,晚上熬夜;平时贪玩,临考前突击。有的同学课余时间往往受别人支配,有时来了一个好朋友,于是就跟他喋喋不休地闲谈起来;别人送来影剧票就去看影剧,自己毫无计划。

在饮食上,有的青少年同学由着性子来,爱吃的饭菜就暴饮暴食,不爱吃的饭菜连筷子也不伸。还有的同学,吃饭时不好好吃,却经常吃零食。

在锻炼身体上,有的同学一曝十寒,想起锻炼来,一练就是半天,累得腰痛腿酸,过两天不知什么原因又间断了。结果,什么事情也做不好。

生活缺乏规律,是生活缺乏明确目的性的表现。一个人应该树立崇高的生活目标。为了实现这个崇高的目标,还要树立许多阶段性目标,每一个阶段性目标之下又要有一些具体的小目标。实现一个个具体小目标的过程就是奔向理想目标的过程。而每一个具体小目标实现的过程，都体现在落实到摸得着看得见的计划、方案当中，落实到每一天的活动安排当中。如果一天天并没有什么计划，生活毫无规律，高兴干什么就干什么，别人找你干什么就干什么，那么，实现具体小目标就没有把握，实现阶段目标和总目标也就成了空话。因此，必须重视每一天的学习、生活安排，使之规律化。

当然，做到生活规律化，除了树立崇高的生活目标以外，还要培养坚强的意志。有些同学不是不想使自己生活规律化，而是缺乏毅力，自控能力差。比如，有的同学爱在晚上看文娱节目，越看越爱看，看完了才发现时间过去了，打开书开始学习，已经困倦了，于是原谅自己："明天早晨早点起床补上。"可是到了明天早晨，又原谅自己："唉，再睡一会儿吧！一切从明天开始。"就这样，又推到了明天。结果，老毛病总也克服不了，但是时间已经一天天地过去了。

可见，培养良好的生活习惯和克服不良的毛病都需要有坚强的意志力，都要严格地控制自己。有人说，一个能控制自己的人，是一个强有力的人。希望大家做克服不良习惯的强有力的人。

第一，安排生活和活动计划要留有余地，不制订过头计划。凡是已经制订到计划中的事就要坚决执行，这样才能锻炼意志。如果把不能实行的内容也制订到计划当中，结果，由于完成不了计划，情绪受影响，意志力也会减弱。

第二，对自己的生活和活动计划，要全面分析，周密思考。如，为什么必须这样而不那样，中途可能会产生一些什么样的困难，应用什么方法去排除等等都应想到。养成深思熟虑的习惯，对行动有十足的把握，就会增强意志力。

第三，不害怕困难，要在克服困难中有意识地训练自己。在日常生活、学习、劳动过程中，不断克服各种困难，才能逐渐磨炼意志。高尔基曾说过:"就是对自己一个小小的胜利,也能使人坚强得多。"许多英雄模范人物的成长也都证明了这一点,只有在千百件小事上克服困难、锻炼自己的人,才能在伟大的任务中表现出克服困难的顽强毅力。

至于究竟应该怎样安排自己的起床、学习、吃饭、休息的时间,那还要根据自己的实际情况来决定。这里介绍一些资料,供同学们参考。

(一)在不同的时间学习的效果是不大一样的。对于学生来说,最好的学习时间是白天。深夜学习,效率不高。通宵学习,由于违反自然规律,身体的正常机能紊乱,大脑的工作效率降低,因此效率是最低的。

(二)每次学习的持续时间不能太长。对于学生来说,学习一小时,休息 10 分钟为宜。因为长时间学习,大脑持续地处于紧张状态,就会厌倦学习,或者不能专心,或者没有再继续学习下去的精力了。严重的时候,甚至会头昏眼花,或者焦急不安,或者连最喜欢的事情也不愿意做了。这是疲劳的表现,必须适当地休息。

(三)休息的方法不同,效果也不同。假如把消除疲劳的程度用数量来表示,设完全消除疲劳为 1,那么躺下休息为 0.678,静坐养神为 0.264,轻松地和朋友谈话为 0.235,散步为 0.171,继续看书为 −0.030。这就是说,躺下休息效果最好,继续看书反而会增加疲劳。

(四)就寝的时间不同,睡眠的效果也不同。有专家研究认为,晚间 10 点钟就寝,睡眠 8 小时,早晨 6:00 起床,效果最好。如果以这个效果为 1,那么,即使同样睡 8 小时,由于就寝时间不同,其效果也不同。晚上 8:00 就寝效果为 0.8,午夜 12:00 就寝效果为 0.85,凌晨 2:00 就寝效果为 0.8,凌晨 4:00 就寝,效果只有 0.6。这说明,过早就寝或睡得太晚,睡眠的效果都会下降。这项研究告诉我们:睡眠应该适时、适量。

教育研究

如何提高练习的效果

练习是教学中必不可少的环节,通过练习可以巩固学生所学的知识,并能使学生逐步把知识转化为能力。如何提高练习的效果?教师在教学活动中至少有以下几点应该注意。

第一,要明确练习的目的。所谓练习,是一种有目的有计划地重复某种活动的过程。既然是重复,往往是没有趣味的,有时甚至是很乏味的。明确练习的目的,可以使学生对练习产生兴趣。比如,一个人所以要在练习写字的过程中反复练习各种写字动作,是为了通过这些动作的练习,掌握写字的技能,把字写好。学生只有明确这个目的,才能产生练习写字的高度自觉性。因此,教师应该熟悉大纲,钻研教材,对基础知识和基本技能分类排序,做到全局在胸。每次布置练习之前,都要向学生讲明此次练习在全局中的地位和作用,调动学生做好练习的自觉性。对于在全局中起重要作用的基础知识和基本技能,尤其要启发引导学生认真练习。

第二,要有正确的练习方法。练习一般应该从模仿开始,由简到繁,由一系列部分的动作组合成为一个完整的活动系统。比如,一个初学管风琴的人,眼、手、脚的动作是彼此孤立的,动手便忘了动脚,顾了看谱就顾不了手弹,因此,三样动作开始往往不能同时练。一般先练习手弹,全部注意力集中在手上,等到比较熟练时再配合上脚的动作,然后再把视线转移去读谱,经过一个阶段的练习后,就可以边弹边读谱边唱,几种动作协调一致了,练琴是这样,练习掌握任何一项新的技能、新的知识也是这样。这就是教学上常说的"分散难点"。学生先简单地模仿,然后才能逐步做到举一反三。一开始就要求学生举一反三,往往是欲速则不达。

另外,还要特别注意安排些巩固性的练习。遗忘是掌握知识的大敌,必须学会和遗忘作斗争。而这种斗争的最好办法就是在遗忘还没有发生之前就进行复习,加以巩固。

第三,教师要准确地进行示范。青少年模仿性强,而且容易先入为主。所以,教师讲课的语言、板书,特别是板演例题,必须准确地进行示范性的表演。有的教师为了赶时间,潦草地绘图、写字,解题格式不规范。这很容易给学生造成不良影响,应引起注意。

第四,在学生练习过程中,教师必须具体指导和批改。要使学生在完成每一次练习之后,都能够详细地检查练习的结果,及时巩固收获和纠正错误。只有这样,才能把正确的东西强化起来,把错误的东西改掉,逐步提高练习的效果。实验表明,如果学生不知道自己练习的结果,他们虽然经过无数次的练习,但仍然不会有什么进步。因此,教师必须经常批改学生的作业和练习,公布作业的成绩,恰如其分地指出练习中的优缺点,强调进一步练习应注意的事项。

最后,练习的题目应该精选。练习题目过多,会加重学生负担。精选的最好办法是教师在布置练习之前,把有关的题目亲自动手演练一遍,以便发现哪些练习题是必要的,哪些是可有可无的,哪些是多余的,从而选出最典型的题目让学生去做练习。实践证明:老师在精选习题上多下一番功夫,学生在练习中就可以多收一分成效。

如何培养学生的学习兴趣

学习兴趣是指一个人对学习的一种积极的认识倾向与情绪状态。从教育心理学的角度来说,兴趣是一个人倾向于认识、研究获得某种知识的心理特征,是可以推动人们求知的一种内在力量。学生对某一学科有兴趣,就会持续地专心致志地钻研它,从而提高学习效率。从对学习的促进来说,兴趣可以成为学习的原因,从由于学习产生新的兴趣和提高原有兴趣来看,兴趣又是在学习活动中产生的,可以作为学习的结果。所以,学习兴趣既是学习的原因,又是学习的结果。与此同时,学习兴趣又称认识兴趣。它是学生热爱学习、渴求获得知识、探究某事物或参与某种活动的积极倾向。它解决的是学生在学习过程中是"苦学"还是"乐学"的问题。学生的学习兴趣是在求知需要的基础上,在学习活动中体验成功的喜悦而逐步形成的。它是推动学生学习的有效动力,是学习动机中最现实、最活跃的心理因素。

首先,学习兴趣是学习活动最直接最活跃的推动力。学习兴趣对智力发展起着促进作用,是开发智力的钥匙。推动学习活动的因素很多,其中学习兴趣是最直接最活跃的动力。"最直接"是指兴趣可以直接推动学习活动,而不需要其他中介因素。"最活跃"是指在兴趣状态下,大脑皮层处于优势兴奋状态,人的认识活动特别活跃:感知敏捷、记忆牢固、思维灵活、想象丰富,并不断将认识活动深化,学习效率和质量都比无兴趣时高。所以两个学习能力相当的学生,兴趣高的成绩往往优于兴趣低的。甚至一些智能中等但兴趣浓厚的学生的成绩会大大高于智能高却无兴趣的学生。

其次,学习兴趣是学生获取知识、开阔视野、丰富精神生活的重要动力。学生的学习兴趣虽然是非智力因素,但对人的认识活动和其他实践活动,尤其是学生的学习,起着重要的推动作用。学生只有对学习产生浓厚的兴趣,才会自觉地去追求知识,把解决一个个难题看作是一种乐趣,对知识的理解才会更深刻。学生的正当兴趣在他们的学习、生活、活动和健康成长中起着至关重要的作用。学生强烈的求知欲和浓厚的学习兴趣,是获取知识、开阔视野、丰富精神生活的巨大动力。

与此同时,养成自觉学习的习惯,提高学习的积极性、主动性、自觉性。从许多中学生家长的教育实践及教育效果来看,棍棒、拳脚和物质刺激都不是解决孩子自觉学习的有效办法。因为棍棒只能触及皮肉,给孩子带来皮肉之苦;物质刺激也只能使孩子得到暂时的心理满足,不能从根本上解决孩子自觉学习的问题。

在学校教育活动中,教师要积极引导学生发挥主体意识,使学生做学习的主人。学生的主体意识越强,他们参与自身发展,在学习活动中实现自己的本质力量的自觉性就愈大,教学的最终目的是为了"学","学"的承担者,素质体现者是学生,要培养学生的主体意识,让学生真正成为学习的主人,就必须树立"以学论教"的现代教学观,避免"教师你来问,学生我来答",学生围着教师转,主次颠倒的现象,学习是学生自己的事,要努力让他们实现主体价值,教师决不能越俎代庖,本末倒置。教师要在教学活动中引导学生发展自己的主体能力,学生主体能力的提高既有赖于学生积极地去汲取前人积累的文化知识经验,又有赖于他们主动地在学习活动中加以发展和提高。学生的主体能力发展水平愈高,就愈能充分利用外部条件去发展自身。反之,发展水平愈低,就愈感到无能。

因此,中学教师首先要承认学生主体性发展水平有差异,要因材施教,让不同层次的学生获得一次次成功,以期带来更大的成功。正如朱熹所言:"圣人教人,各因其才,大以大成,小以小成,无弃人也。"

此外,教师适当引导学生确立中等难度的学习目标,能够让学生体验成功的快乐,从而培养学生的学习兴趣。兴趣受能力制约,一定的能力能使人圆满完成学习任务,确保成功,这有利于兴趣的发展。中等难度的学习目标是指学生通过努力可以实现的目标。过易实现的目标不能引起学生成就感的满足,不足以产生学习动机;目标太难学生会望而却步,从而失去对学习的热情。中等难度学习目标的实现,能使学生的学习兴趣得到满足,产生愉快惊喜等积极的情绪体验。这种由学习成功带来的愉快感、胜任感,可以增强信心,促使他们产生新的学习需要与更浓厚的兴趣。教师还应尽量在课堂上教态庄重而不乏幽默感,语言流畅而又寓藏诱导性,板书应清晰美观,口吻应亲切自然。教师的内心情意必须通过语言、表情、手势和辅助教具等多媒体教学手段表现出来,既要有感染力,又要恰如其分,真挚自然,以情感人,让学生在课堂上始终处在学习兴奋点上,主体作用得到充分发挥,将课堂创设成为一个让学生去探索发展的空间。在情境中,将教材的知识性、思想性、趣味性融为一体,增强学生探索知识的自信心,增强学习兴趣,为以后的参与教学活动树立心理优势。

如何端正学生的学习态度

学生的学习态度,具体又可包括对待课程学习的态度、对待学习材料的态度以及对待教师、学校的态度等。学习态度由认识、情感和行为意向三种心理成分构成。认识成分是指学生对学习活动或所学课程的一种带有评价意义的认识和理解,它反映着学生对学习的价值的认识,它是学习态度的基础;情感成分是指学生伴随认识而产生的情绪或情感体验,如对学习的喜欢或厌恶等,由于情感本身就反映出学生的学习态度,因此,情感成分是态度的核心;行为意向成分是指学生对学习的反应倾向,即行为的准备状态,准备对学习作出某种反应。一般说来,学习态度的上述三种成分是相互协调一致的。

学习态度对学习效果的影响作用,已被许多实验研究所证明。我国心理学工作者近些年来曾对中小学生的学习问题进行了实验研究。研究结果表明,学生的学习态度不仅直接影响学习行为,而且还直接影响着学习成绩。那些喜欢学习,认为学习很有意义的学生,上课注意听讲,按时完成作业,学习成绩优良。相反,那些对学习不感兴趣,认为学习无用的学生,课堂行为问题多,学习成绩也差。可见,学生学习态度的好坏与其学习效果密切相关。在中学实际教学过程中,如果其他条件基本相等,学习态度好的学生,其学习效果总是远胜于学习态度差的。

态度决定一切,只有端正了学习态度,才有资格进行有效的学习。如果态度端正,就可以有足够的毅力克制玩心,拥有催促前进的动力。因此,学校教育工作者应该不断引导学生端正良好的学习态度,让学习变乐趣。

第一，课堂是学习交流的主渠道，在自主、合作、探究的学习氛围中，学生只有在教师的指导下积极主动地学习，思考学习问题，才能够具备与同学大量交流的条件。课堂学习是一种团队学习，在中学课堂教学活动中，教师要适当培养学生的团队学习的精神，引导学生积极发表自己的见解，在团队学习的过程中体会集体学习的乐趣。同时，课外活动是学习交流的补充，学生可以根据自己的特长爱好，选择参加各种课外兴趣小组活动和社会实践活动，主动寻找与他人彼此交流的话题。交流的对象除本班任课教师和同学之外，还应该包括其他教师和同学、家长、亲戚朋友等。

第二，合理激发学生的学习兴趣。兴趣是一种兴奋剂，一个人对某种事物有浓厚的兴趣，就会对它集中注意，并且能长期坚持，在学校教育活动中学生的学习也是这个道理。有的同学学习时分心与对所学科目没兴趣相关。为了避免因缺乏兴趣而导致注意力涣散，教师必须培养学生对所学科目抱有浓厚的兴趣，从而在轻松愉快的学习气氛中学习。如果对某些学科不感兴趣，教师要引导学生通过对这门学科将来发展的重要性的认识来提高对它的兴趣。

此外，要积极培养学生的学习意志。有人曾经这么说过："伟大的事业不是靠力气、速度和身体的敏捷完成的，而是靠性格、意志和知识的力量完成的。"学习正是在校学生从事的为未来成功人生作准备的一项"伟大的事业"，没有坚强的意志力是很难获得成功的。学生的学习意志重在自我锻炼：一是抓点滴，从学习常规做起，按时完成自己的各项学习任务，不拖欠作业，不老是"明日复明日"，当天的学习任务当天完成；二是正确对待学习中的挫折和失败。在学习中要善于从挫折和失败中吸取经验和教训，正确分析挫折和失败的原因，从逆境中奋起，树立信心，重振旗鼓，善于进行自我调节，把压力转化为动力，从学习的乐趣中汲取知识的能量，达到成功的彼岸。

怎样提高解题能力

学习数学,把获得的理论知识付诸实践,是从解答习题开始的。通过解答习题既可以更好地掌握理论、发展逻辑思维,又能把学到的技能变为熟练技巧。可见,提高解题能力是至关重要的。

提高解题能力应从以下几方面做起:

第一,在透彻理解的基础上记忆概念、公式、法则和定理。记忆一个数学概念,一定要先弄清楚概念中每个文字的意义。最好还能自己举出例子,能同有关的概念进行比较,找出异同及其间的相互依存关系,对于一个定理,尤其要做透彻的理解。比如,什么是定理的条件? 什么是它的结论? 它的逆命题是否正确? 改动定理的部分条件,结论会随之发生什么变化等等。这样,才能深刻理解定理的实质。记忆公式和法则也要先掌握其来龙去脉,不能死记硬背。

有些同学宁愿背熟生硬的公式而不愿掌握导出这个公式的方法,这是非常有害的。

第二,有步骤地考虑问题,形成良好的思维习惯。学习数学的目的,不只在汇集一些数学知识,更重要的是提高逻辑思维能力。而有步骤地考虑问题,形成良好的思维习惯,十分有助于这些能力的形成。

考虑问题一般可以分为以下几个步骤:第一步,了解题意,分清题中的条件和结论,明确题目的要求;第二步,回忆一下是否曾见过如此类型的习题,如果见过的话,是否可用相同的解法来解此题,否则修正一下是否便可使用;第三步,如果必须另辟蹊径,就要认真地进行分析。事实上,一切题目,包括综合题在内,总是从已知求未知的过程。我们只要在已知量和未知量之间根据它们的相互制约关系,理出一个头绪来,就可以得到正确的解题路线。一般不外乎从两个方面着手:一方面是从"已知"看"可知",逐步推向"未知";另一方面是从"未知"看"需知",逐步追溯到"已知",两个方面会合了,解题的路线也就出来了;第四步,当考虑成熟,问题得解后,还应进一步考虑是否已详尽无遗,有没有特例,有没有别种解法。最后,整理上述思路,择其最简捷的方法,使用明确的数学语言书写出来。

第三,经常解答一些新的习题。学习数学,不仅要做好基础性习题和综合性习题,还要经常做一些新的、发展性的习题。比如,把已解得的习题推广,这对于认识和发展新旧知识或习题之间的必然联系是极为重要的。这不仅能使已有的知识得到深化和发展,而且可以逐步获得发现新知识的能力。实际上,数学中很多问题的研究,正是这样发展的。推广习题的工作,实际上就是创造性研究的初级形态。经常这样练习,对于提高解题能力是十分有益的。

怎样培养学生钻研课本的习惯

学生不注意钻研课本是一种"常见病",但这是可以防治的。

首先,要向学生讲清钻研课本的重要性。对学生来说,课本是学习知识的主要源泉之一。学生只有钻研课本,才能掌握知识的体系内容和要点,逐步提高独立阅读的能力。

其次,要教给学生钻研课本的方法。一是熟读。在读懂读熟的基础上记住那些必须记住的东西。重要的地方可以标记出来,为以后复习提供方便。二是会疑。学生要先会自己找出疑问,然后自己予以解答。这种自问自答,能够引起思索,加深对教材的理解。三是引申。由此及彼地做些联想和推广。比如,学习了一个数学命题,还要把这个命题加以引申,研究它的可能变化,探求证明的另外途径,以扩大学习收获。四是归纳整理。合上书本,把已经掌握的内容默念一遍,然后通过归纳、类比,尽量把新知识纳入已有知识的体系当中,以便记忆和保存。

第三,要培养学生钻研课本的习惯。如何向新生提出第一项关于学习方面的要求:上自习时,要先复习课本,后写作业。学校要求各任课教师都要切实督促检查,具体指导、帮助,意在培养学生养成钻研课本的习惯。

教师还要注意在教学过程中,培养、训练学生钻研课本的习惯。有的课程内容和过去讲过的类似,上课时,教师可以先不讲,让学生自己去阅读。学生读后提出疑问,教师再有针对性地讲解,有的内容学生大体上可以读懂,也可以课前布置给学生阅读,课上提出问题,师生共同讨论。有的课文内容比较艰深,学生自己阅读有困难,教师在讲完之后,也要提出一些问题,让学生带着问题再去钻研课本。

怎样帮助学生纠正语言运用上的差错

语言和思维有着密切的关系。用准确的语言表达思想,不但有助于别人了解自己,而且也有助于整理自己的思想,把模糊的概念变为清晰的概念,把零乱的思想变为系统的思想。因此,不管是教哪门学科的教师都要注意帮助学生纠正语言运用上的差错,培养学生正确运用语言的习惯。

首先,要及时指出学生在语言运用上的差错,特别是在第一次出现的时候,一定要认真矫正,让学生留下正确的深刻的印象。但是,许多教师往往迁就学生在运用语言方面的缺欠。比如,当学生用分式的"上面"和"下面"来代替分式的分子和分母时,有的教师并不去矫正,特别是在课堂时间紧张的时候,尤其如此。这就容易让学生产生一种错觉:好像只要心里明白就行了,语言表达并不重要。结果,不准确、不规范的语言的使用成为学生的习惯。教师以后再去纠正,却由于错过了时机,而越发感到困难了。

第二,要有计划地进行训练。有时学生心里想得挺明白,就是嘴上说不出来,稍一紧张,更是口不从心,不能以准确的词语表达出来。造成这种情况的一个原因就是平时缺乏训练。因此,教师不能忽略自己的这项职责。

此外,教师通过"言传身教",以自己正确使用语言的行动去影响学生,也是帮助学生纠正语言运用上差错的一条重要途径。讲课时,千万不能图省事而做不适当的省略,哪怕是偶尔的例外,也会带来不良的后果。有一位教师在给学生讲平面几何"在同一三角形中,大边对大角"这个定理时,为了图省事,省略"在同一三角形中"这个条件,只说"大边对大角"。后来,教师意识到这样省略不妥,又做了补充。但是,学生已经先入为主,"大边对大角"又上口,又好记,烙印很深,而对老师后来的补充说明印象却很肤浅。几天后,遇到在两个三角形中比较边角关系的习题,有几名学生果然忽视了"在同一三角形中"这个条件,仍用"大边对大角"的定理去证明,造成了错误。

在理科教学中,对于各门功课中的术语、专门的语法结构等,教师都应给予足够的重视,尽快培养学生正确运用语言的习惯。

教师的威信

教师的威信是获得良好教育效果的保证。往往学生向自己所尊敬和信任的教师求教的问题,大大超出了教师所教课程的范围。学生向老师咨询思想和生活方面的问题,也超过自己的父母亲友。他们把自己的老师当作智慧、聪明的授予者。

教师的威信是在良好的工作中建立起来的。学生首先尊敬博学的教师、专业的能手。学生是不易原谅教师在业务上的过失的。例如,教师经常写错别字和演错习题,就容易破坏他自己的威信。因此,教师在自己的一切工作和活动中,在政治立场、思想修养、组织纪律方面,必须给学生树立良好榜样。如果一个教师要求学生课前准备好教科书和文具,而自己上课时却忘记了带教具,那是十分糟糕的事。

学生对自己的老师的观察是非常仔细的。一个教师,特别是班主任,除了应具有高度的思想政治修养,通晓自己的业务外,还要有渊博的知识,广泛的兴趣。因为学生希望自己的老师能像一个自己能够从中探索知识和技能的宝库。加里宁指出:通晓文艺几乎是教师必备的职责。这对于教师特别是班主任具有很大的意义。

教师对待学生还必须公正,让学生们知道他们的老师是严格的,但并不苛刻;是关心学生的,但并不宽容学生的错误。教师在评定学生的成绩时,应公正公平,过于宽容或者过于苛刻都容易丧失自己的威信。

教师威信的形成取决于教师本身的条件,但要注意,对不同年龄、不同水平的学生来说,并不都起同样的作用。

年龄较小的低年级学生,由于评价教师表现的能力差,他们与教师的交往,突出地反映在情感方面。他们对教师的思想品质、知识水平、教学质量、能力等方面不会分析和评价,很少讲他们的老师思想如何高尚,知识如何渊博,而是对教师活泼、开朗的性格,说话能表情达意,讲课很有趣味,喜欢学生,对学生表示关心、爱护以及严格地要求等比较关心。教师在这些方面比较容易获得学生的爱戴,建立威信。

中、高年级,特别是到了中学,学生则能对教师的态度与思想品质、业务水平、教育能力、广泛的科学文化兴趣等进行评价。因此,教师这些方面的表现,就成为学生决定教师威信的重要心理依据。

不可否认,教师给学生的最初印象,对建立威信有重要的影响。比如,上好头几节课,第一次与学生的见面与谈话,第一次的批改作业,处理好课堂上的偶发事件,搞好第一次班会或做好第一次的家访都是重要的。教师刚与学生见面,双方彼此不熟悉,都力图认识对方,了解对方,学生由于好奇心,对新教师有一定的新鲜感,开始见面他们会特别注意教师,试探态度特别强烈,会故意试探教师的知识水平,了解教师的性格——对同学"凶不凶",了解教师的教学经验"老练不老练"。许多学生都希望教师熟悉自己、赏识自己、注意自己。为此,他们往往会故意提问、大声讲话,要求离开教室,以试探教师的态度与反应。如果教师在头几节课表现出惶惑不安、语无伦次、信心不足、萎靡不振或过于激动、手舞足蹈等,都不利于教师威信的形成。因为初次见面,教师的一举一动,一招一式都会给学生留下强烈而深刻的印象,对教师的威信的形成有很大的影响。有经验的老师很重视这一点,他们力求做到充分备课、精通教材、熟悉班级、了解学生,一开始就给学生留下良好的印象。

教师威信形成之后,也可能因种种原因而降低威信,甚至完全丧失威信。比如,对工作缺乏热情、不公正的批评与表扬、教师的发怒、偶然的疏忽、触犯了学生的个性或自尊心、生活上不符合社会道德标准、打骂学生、不尊敬长辈……一句话,教师不能再满足学生合理的需要,教师的威信就会降低。教师已经建立起来的威信如已丧失,要想恢复,必须加倍努力。教师为了保持威信、提高威信,必须严格要求自己,经常进行自我批评。

教师的师德建设

教师是人类灵魂的工程师,"为人师表"是教师最崇高的荣誉,也是教师的神圣天职。著名的教育家苏霍姆林斯基曾经这样说过:"没有也不可能有抽象的学生,每个孩子都是一个世界——完全特殊的,独一无二的世界。"在学校教育工作中,我们可以深刻地领悟到这句话的含义。孩子之间是有差异的,他们性格、气质不同,特长、爱好不同,在各方面的能力不同,因此,对孩子的教育方法也不同。

教书育人是教师的天职,教书是手段,育人是目的。因此,教师在任何时候都不能忘记自己不是单纯的"教书匠",而应是一个教育家,是人类灵魂的工程师。作为这个工程师,学校教育工作者要有崇高的理想和信念,把教好书、育好人作为自己人生的最高追求。通过教学实践,培养和完善学生健全的人格,把学生真正培养成社会主义事业的建设者和接班人。这就要求教师要善于对待每一位学生,发展每一位学生,使他们在发展的历程上打下坚实的基础。以爱为开端,为建立良好的师生关系提供基础。有了对学生的爱,才会有对学生的尊重与理解,教师和学生在人格上才是平等的。尊重学生是打开学生心扉的钥匙,是治疗心灵创伤的良药。尊重学生,最重要的即是尊重他们的人格。缺乏理解的爱是一种盲目的爱,缺乏理解的教育是一种盲目的教育。在集体中,学生有了错误是难免的,关键要看教师怎样对学生进行引导。

师生关系在更深刻的意义上是师生间思想交流、情感沟通、人格碰撞的社会互动关系。中小学阶段是学生世界观、人生观、价值观正在形成的尚未定型的时期，他们在这一时期有着丰富、复杂、易变的精神世界，因而渴望了解他人，也渴望他人能了解自己、帮助自己。因此，教师在工作中应该亲近学生，倾听学生的心声，细心观察，深入地了解学生的内心世界，用理解在师生之间架起一座心灵的桥梁，成为学生的知心朋友。只有动情的教育才能打动人心，打开心灵沟通的渠道，爱学生是教育获得成功的基础。要使学生懂得主动给予爱，教师就首先要善于发现、利用、创设良机，做学生的知心朋友。

在学校教育工作中，不断加强教师师德建设是时代的需要，是全面推进素质教育的需要。具有良好职业道德的高素质的师资队伍，只有这样才能全面推进素质教育，实现自身的办学目标。所以，每个教师都要努力把自己培养成为具有良好师德的人，只有这样，才能完成"传道授业解惑"这一光荣而伟大的任务，从而才能够使学校教育工作不断完善。

师生关系构建

在日常教学生活中遇到师生间发生矛盾，人们常常责怪学生，很少议论教师，这是否公正呢？

诚然，教师责任重大，工作崇高，应当受到全社会的尊敬，特别是学生，更应该尊敬和爱戴老师。但是，学生对老师尊敬和爱戴的真挚感情不是与生俱来的，更不是强迫命令所能办到的。当学生感到你是真心地爱护他，那么，即使言辞尖锐，不留情面地批评，他也不会反感。可见，师生之间建立真挚的感情是获得良好教育效果的保证。师生之间一旦建立起真挚的感情，就好比在师生之间架起了一道桥梁，不仅科学知识可以通过这道桥梁输送到学生的脑海里，思想政治工作也可以通过这道桥梁送到学生的心坎上。

师生之间真挚感情的建立，关键在于教师。在尊师和爱生这两个方面,教师是起主导作用的。只有教师发自内心地热爱学生,像"母亲"那样,给学生以"师爱",才能和学生建立起真挚的感情,得到学生的爱戴。

此外,古人云:"经师易遇,人师难逢。"郭沫若同志解释:"经师是供给材料的技术家,人师是指导精神的领港者。"

指导精神的领港者,不仅能用渊博的知识哺育学生,而且能用高尚的品德影响学生,使学生从学校毕业的时候,不只是带走各门功课的高分数,更重要的是带走对崇高理想的追求和勇攀高峰的探索精神。一位真正的"指导精神的领港者",常常能对学生的一生产生深远的影响,受到学生的尊敬和爱戴。

我们知道,鲁迅是那样地怀念他的老师藤野先生。鲁迅在日本留学的时代,日本人看不起中国人,欺侮中国学生。但藤野先生却是一位品格高尚的人,他热情支持中国青年在日本学习,对鲁迅关怀备至。在鲁迅的心中,藤野先生是伟大的。他把题有"惜别"二字的藤野先生的照片挂在书桌对面的墙上,"每当夜间疲倦,正想偷懒时,仰面在灯光中瞥见他黑瘦的面貌,似乎正要说出抑扬顿挫的话来,便使我忽又良心发现,而且增加勇气了,于是点上一支烟,再继续写些为'正人君子'之流所深恶痛疾的文字"。可见,鲁迅从藤野先生那里得到的,最主要的并不是某些具体的知识,而是高尚的品格和做人的道理。

现在,像藤野先生这样的老师当然是很多了。但是也还有为数不少的教师只能称得上是"经师"。他们把自己降低为教书匠,眼睛盯在少数"尖子"学生身上,引导他们在题海中沉浮,在考试中度日。也有些身为人民教师的人,对学生动辄斥骂,讽刺挖苦,污言秽语,不堪入耳,甚至抬手动脚搞体罚……诸如此类,完全背离了教师教书育人的宗旨,其结果是使某些学生从教师那里接受了坏影响。

作为人民教师,比其他任何职业的人更需要严格要求自己。我们每一个教师都应该加强师德修养,使自己成为语言美、行为美、心灵美的化身,成为一个"指导精神的领港者"。